Ulmer Taschenbuch 36

Magda Haase

Mischkultur, Hügelbeet, Hochbeet

73 Farbfotos
26 Zeichnungen

E.U.
VERLAG
EUGEN
ULMER

CIP-Titelaufnahme der Deutschen Bibliothek

Haase, Magda:
Mischkultur, Hügelbeet, Hochbeet /
Magda Haase. – Stuttgart : Ulmer,
1988
(Ulmer-Taschenbuch; 36)
ISBN 3-8001-6288-1

NE: GT

Wollgrasweg 41, 7000 Stuttgart 70 (Hohenheim)

Printed in Germany
Satz: Typobauer Filmsatz GmbH, Ostfildern 3
Druck und Bindung: Georg Appl, Wemding

Vorwort

Um von Nutzpflanzen möglichst hohe Erträge zu erlangen, ist der Mensch dazu übergegangen, sogenannte »Monokulturen« anzulegen, das heißt, mit dem Anbau einer einzigen Pflanzenart auf einem Feld möglichst rationell zu wirtschaften. »Unkräuter«, für die Menschen nicht nutzbare Pflanzen, läßt man gar nicht erst aufkommen, oder man vernichtet sie so bald wie möglich. Die Ergebnisse dieser Bemühungen sind wirklich höhere Erträge, die mit relativ wenig Aufwand, zumindest in begrenzter Zeit erzielt werden. Rationeller Maschineneinsatz ist dabei möglich, die Kulturflächen sind leicht bearbeitbar, größtmögliche Ernten werden erzielt. Andererseits entsteht aber das Bild der typischen »Kultursteppe«. Der Boden liegt den Winter über monatelang nackt und bloß da, er ist schutzlos den Niederschlägen und dem Wind preisgegeben, eine natürliche Humusnachlieferung wie in der freien Natur ist völlig ausgeschlossen. Auch während der Kulturzeit bleibt die Erde meist unbedeckt, eine biologische Schattengare, so wie sie im natürlichen Boden ständig vorhanden ist, kann sich nur für eine kurze Frist bilden. Zudem bewirkt die Massenanpflanzung nur einer Art eine Häufung spezifischer Krankheitserreger und Schädlinge, wie sie unter natürlichen Verhältnissen kaum eintreten kann.

Natürlich ist die industrielle Ausrichtung der Landwirtschaft notwendig, um die Millionen in Städten wohnender Menschen mit Lebensmitteln zu einem erschwinglichen Preis zu versorgen. Doch die Überproduktion und die Verarmung der Natur wird über kurz oder lang ein Umdenken notwendig machen, zumindest in den Industriestaaten.

Diese Gegebenheiten haben interessierte Pflanzenbeobachter und engagierte Gärtner bereits kurz nach dem 1. Weltkrieg zum Anlaß genommen, die Mischkultur, das heißt das Miteinanderwachsen verschiedener Gemüsearten, zu propagieren. Meist verband man diese Erkenntnis mit den verschiedensten Weltanschauungen, doch in den letzten Jahren ist man dazu übergegangen, diese Anbauweise sachlich von biologischer, aber auch von ökonomischer Seite her zu betrachten. Langwierige Versuche wurden und werden angestellt, um die besten Partner und die richtigen Methoden zu finden. So ist es auch möglich, mit Hilfe geeigneter Pflanzenarten und mit Mulch den Boden das ganze Jahr über bedeckt zu halten, um auch von dieser Seite her einen naturnahen Pflanzenbau anzustreben.

Hügelbeet und Hochbeet wurden Anfang der sechziger Jahre dieses Jahrhunderts von interessierten Fachleuten (Hermann Andrae, später Hans Beba) entwickelt, denen der naturgemäße Pflanzenbau besonders am Herzen lag. Letzten Endes geht die Idee auf Rudolf Steiner zurück. Diese Hügelbeetkultur beruht auf der Erkenntnis, daß beim Abbau organischen Materials Wärme entsteht und daß viele Pflanzenarten auf einen sogenannten »warmen Fuß« sehr positiv reagieren. Das Hochbeet ist eine Weiterentwicklung des Hügelbeetes. Frau Kalaus-Zimmermann hat sich sehr darum verdient gemacht. Hügel- und Hochbeete sind ja bepflanzte Komposthaufen, die nicht nur Wärme, sondern auch Nährstoffe abgeben. Was man früher allein den Kürbissen, die mit ihren großen Blättern für Schattengare sorgten, zugute kommen ließ, wird nun für alle Gemüsearten genutzt. Durch die Verwendung unterschiedlichen Packmaterials ist es möglich, die Wärme- und Nährstoffabgabe über mehrere Jahre hinweg aufrechtzuerhalten. Selbst im Winter, bei nicht zu tiefgreifenden Frösten, wirkt sich das aus, besonders wenn Folie als Flachfolienbedeckung oder Folientunnel, oder aber eine Frühbeetabdeckung aus Plexiglas bei Hochbeeten zu Hilfe genommen wird. Diese Hügel- oder Hochbeete lassen sich sogar in einem Gewächshaus anlegen und sorgen dort für eine optimale Pflanzenumwelt. Nach 6 bis 8 Jahren ist so eine Kulturhilfe »abgetragen«; sie muß erneuert werden.

Mischkulturen, Hügelbeet und Hochbeet wirken also kulturverlängernd, ertragssteigernd und überaus günstig auf Bodenstruktur und Bodenleben. Das sind gewichtige Gründe, sich dieser Methoden zu bedienen, auch wenn der Arbeitsaufwand erheblich größer ist als im konventionellen Gartenbau.

Meinem verehrten Lehrer und ehemaligen Vorgesetzten, Herrn Professor Rolf von Hößlin, möchte ich an dieser Stelle für die vielen Anregungen danken, die er mir als Mitarbeiterin bei den Versuchen seines Institutes gab. Ihm sei dieses Buch gewidmet.

Magda Haase
München, Frühjahr 1988

Inhalt

Allgemeines über Mischkulturen

Mischkulturen müssen sich in vielerlei Dingen ergänzen, sie dürfen sich auf keinen Fall Konkurrenz machen und einander verdrängen. Die Konkurrenzkraft einer Pflanzenart ist nicht konstant. Sie hängt ab von Licht, Wasser, Nährstoffen, Bodenzustand und vielen anderen Umweltfaktoren. So werden zum Beispiel säureliebende Pflanzen in einem entsprechenden Boden die kalkliebenden verdrängen und umgekehrt. In Mischkultur angebaute Pflanzenarten müssen sich also in ihren Grundbedürfnissen ergänzen. Flachwurzler stehen zusammen mit Tiefwurzlern, Schwachzehrer stehen neben Starkzehrern.

Die Pflanzen beeinflussen sich zweifellos auch durch Stoffwechselprodukte, die aus lebenden und abgestorbenen Pflanzenteilen frei werden. Diese dringen in die benachbarten Gewächse ein und wirken dort fördernd oder hemmend. Einige dieser Stoffe sind zum Beispiel Ethylen, Absinthin oder auch Antibiotika, die von abbauenden Mikroorganismen freigesetzt werden. So kann nach der Einarbeitung von Kohlrückständen durch die dort enthaltenen Senfölglykoside das Wachstum von Spinat, Kopfsalat und Bohnen gehemmt sein. Dieser ganze Wirkungsmechanismus ist noch nicht genügend erforscht, um Abschließendes sagen zu können; doch beruht darauf die alte Erfahrung, daß manche Pflanzen selbstverträglich sind oder miteinander harmonieren, andere nicht. Teilweise wurde dieses Problem bereits durch den im Anhang genannten Feldversuch über den Vorfruchtwert verschiedener Gemüsearten beleuchtet.

Selbstverträglich sind zum Beispiel Roggen, Mais, Dicke Bohnen, Porree und Sellerie. Das gilt aber nur für Selbstverträglichkeit infolge von Ausscheidungen. Tritt eine der später (siehe Seite 18) genannten Fruchtfolgekrankheiten auf, ist die Katastrophe da.

Als selbstunverträglich gelten besonders die Gänsefußgewächse (Runkelrüben, Rote Rüben, Spinat, Melde), weiter die Gurkengewächse (Gurke, Kürbis, Melone), die Kohlgewächse (sämtliche Kohlarten, Radies, Rettich) und Petersilie, Sellerie, Erbse und Möhre.

Durch die unterschiedliche Lebensdauer der Mischkulturpartner ist es möglich, den Boden ständig mit Pflanzen bedeckt zu halten und somit eine dauernde biologische Schattengare zu erreichen.

Die Mischkultur schränkt die Massenvermehrung von Schädlingen und Krankheiten stark ein. Es sind einfach nicht genügend Wirtspflanzen da, um ein Ausufern gefährlicher Pflanzenschädiger zu erlauben.

Andererseits muß man sich darüber im klaren sein, daß Mischkulturen einen bedeutend höheren Arbeitsaufwand erfordern als Monokulturen. Auch die genaue Kenntnis von Ansprüchen und Möglichkeiten der einzelnen Pflanzenarten ist notwendig, ehe man sich an die Aufgabe wagt, passende Partner zu kombinieren.

Biologische Grundlagen

Ehe man also beginnt, die Kombinationen zusammenzustellen und in »Planspielen« zu erproben, wird es notwen-

Karotten standen hier in Mischkultur mit Zuckerhut und Knollensellerie. Das Laub bleibt nach der Ernte liegen.

dig sein, die Eigenschaften der einzelnen Gemüsearten kennenzulernen. Benachbarte Pflanzen sollten ähnliche Bedürfnisse besitzen, was den Wärme- und Wasserbedarf betrifft.

Wärmebedürftigkeit

Stark wärmebedürftig und frostempfindlich sind Gurke, Melone, Kürbis, Garten- und Feuerbohne (also Busch- und Stangenbohnen), Tomate, Eierfrucht (Aubergine), Paprika, Kartoffel, Mais. Zu dieser Gruppe gehören selbstverständlich auch sämtliche tropischen und subtropischen Gemüsearten. Sie alle kommen erst ab Mitte Mai auf das Beet oder sie werden unter Glas und Folie angebaut.

Absolut winterhart sind Wurzelstökke von Rhabarber, Spargel und Meerrettich, ferner Schwarzwurzeln, Winterporree, Grünkohl, Rosenkohl.

Bedingt winterhart (in Abhängigkeit von der Sorte) sind Feldsalat, Spinat, Wintersalat, Frühlingszwiebel, Adventwirsing, Mangold.

Alle anderen Gemüsearten haben mittlere Wärmeansprüche, wobei zu beachten ist, daß die Klimaverträglich-

Mit Hilfe von Mischkulturen und einer gezielten Kulturfolge-Planung lassen sich kleine Gartenflächen in optimaler Weise nutzen. Drei Ernten pro Jahr sind angestrebt, bei ständiger Schattengare und dadurch guter Bodenpflege.

keit sehr von den Sorten abhängt, das heißt davon, wo und für welchen Zweck diese gezüchtet wurden. Die einzelnen Arten sind in dieser Hinsicht sehr variabel.

Wasserbedarf

Zu den stark wasserbedürftigen Kulturen zählen sämtliche Kohlarten, alle Gurken, Melonen und Kürbisse.

Mittelstark wasserbedürftig sind sämtliche Salate, alle Spinate und die meisten Wurzelgemüse.

Wenig Wasser brauchen Zwiebeln, Bohnen, Erbsen.

Windempfindlichkeit

Als sehr windempfindlich erweisen sich Gurken, Melonen, Kürbis, Busch- und Stangenbohnen, Tomaten.

Zu den Kulturpflanzen mit mittlerer Windempfindlichkeit gehören Kopfkohlarten, Salat- und Spinatarten.

Wenig windempfindlich sind sämtliche Zwiebel- und Porreearten sowie Wurzelgemüse.

Nährstoffbedarf

Zu den Starkzehrern zählen alle Kohlarten, Tomaten, Kartoffeln, Sellerie, Spätmöhren, Rhabarber.

Mittelstarke Nährstoffzehrer sind die meisten anderen Wurzelgemüse, alle Spinat- und Salatarten, sämtliche Zwiebelarten, die Gurken, Melonen und Kürbisse.

Ausgesprochene Schwachzehrer sind alle Leguminosen, also zum Beispiel Bohnen und Erbsen mit ihren stickstoffsammelnden Knöllchenbakterien. Starkzehrer sollten neben Schwachzehrern angebaut werden.

Beeinflussung des Bodens

Jede Gemüseart beeinflußt den Boden, also ihren Standort, auf spezifische Art und Weise. Arten, die den Boden recht gut durchwurzeln, also reichlich Wurzelmasse bilden, wirken sich in jedem Fall positiv aus. Abnehmend von hohem zu niedrigem Wurzelgewicht sieht die Reihenfolge so aus: Porree; Sellerie, Zwiebel, Stabtomate, Wurzelpetersilie. Weiter muß auf den Zusammenhang zwischen der Menge der Ernterückstände und ihrer Nutzbarkeit im Boden hingewiesen werden. Viele Ernterückstände hinterlassen die Kohlarten, Porree und Sellerie. Durch große Mengen dieser organischen Substanz wird der Boden mit abbaubaren Stoffen versorgt, wie es im natürlichen Kreislauf der Fall ist. Die Bodenstruktur wird dadurch verbessert und das Bodenleben gefördert.

Auch Ernte- und Pflegemaßnahmen haben einen großen Einfluß auf den Bodenzustand. Arten, die wiederholt beerntet werden müssen, wo man den Boden dadurch öfter betritt, hinterlassen Verdichtungen, zum Beispiel Tomaten, Bohnen, Gurken.

Wurzelgemüse üben durch das Dikkenwachstum ihrer Rüben oder Knollen ebenfalls einen Verdichtungseffekt auf den Boden aus. Besonders schlecht für den Bodenzustand hat sich die Wurzelpetersilie erwiesen. Ähnlich ungünstig ist der Bodenzustand nach dem An-

Melde, Möhren und Schalotten stehen in Mischkultur. Links im Bild die gelbe, rechts die grüne Melde. Beide wurden direkt ausgesät.

bau von Roten Rüben (wenig Durchwurzelung, starker seitlicher Druck).

Über die Wichtigkeit der *Bodenbeschattung* durch die einzelnen Kulturen und der daraus folgenden Schattengare haben wir schon wiederholt gesprochen. Es kommt dabei auf die Bestandeshöhe und auf die Lebensdauer der einzelnen Arten an. So wirkt zum Beispiel Sellerie stark schattengebend, während andererseits Tomaten und Stangenbohnen nur einen Teil des Bodens beschatten.

Kulturdauer, Standraumbedarf, Verträglichkeit

Bei den verschiedenen Nutzpflanzenarten sind die Wurzeln unterschiedlich im Boden verteilt. Wie wir schon gesehen haben, wird dadurch in vielfältiger Weise die Nährstoffaufnahme und der Bodenzustand beeinflußt.

Wir arbeiten außerdem mit *kurzlebigen* und *langlebigen* Gemüsekulturen im Garten, einige Arten sind sogar ausdauernd, das heißt sie leben mehrere Jahre lang und können in dieser Zeit laufend genutzt werden. Solche »Mehrjährigen« sind die Ampferarten, Artischocken, Rhabarber, Schnittlauch und Spargel. Auch so manche tropische Art gehört hierher.

Nun kommen wir zum *Standraumbedarf* der Gemüsearten. Die verschiedenen Pflanzenarten werden unterschiedlich groß. Große, langlebige Arten, zum Beispiel Tomaten, brauchen am Anfang der Kulturzeit nur wenig Platz. Da kann man den Raum ausnutzen mit kleinwüchsigen, kurzlebigen Gemüsen wie zum Beispiel Gartenkresse, Radies oder Schnittsalat. Auch Kopfsalat oder Kohlrabi lassen sich manchmal dazwischenzwängen.

Im biologischen Gartenbau spricht man von Verträglichkeit und Unverträglichkeit der Gemüsearten zueinander.

Gut verträglich sind

Buschbohnen mit Tomaten, Sellerie, Rhabarber, Rote Rüben, Radies, Rettich, Mangold, Kopfsalat, Kohlarten, Kartoffeln, Gurken, Erdbeeren.

Endivien mit Stangenbohnen, Lauch, Kohlgewächsen, Fenchel.

Erbsen mit Radies, Rettich, Kopfsalat, Kohlarten, Möhren, Fenchel.

Erdbeeren mit Zwiebeln, Spinat, Rote Rüben, Radies, Rettich, Petersilie, Lauch, Kopfsalat, Kohlgewächsen, Knoblauch, Buschbohnen.

Fenchel mit Salatzichorie, Kopfsalat, Gurken, Erbsen, Endivien.

Gurken mit Zwiebeln, Stangenbohnen, Sellerie, Rote Rüben, Kopfsalat,

Tiefwurzler – Flachwurzler

Tiefwurzler (1 m Tiefe und mehr)	Flachwurzler (bis 50 cm Tiefe)
Artischocke	Endivie
Blätterkohl	Erbse
Eierfrucht (Aubergine)	Feldsalat
Gartenbohne, Feuerbohne	Gartenkresse
Karotte (Möhre)	Gurken
Knollensellerie	Kartoffel
Kürbis	Kohlrabi
Löwenzahn	Kohlrübe
Mangold	Kopfsalat
Meerrettich	Küchenzwiebel
Paprika	Mais
Pastinak	Melonen
Porree	Petersilie
Puffbohnen	Radieschen
Rettich	Schalotte
Rote Rübe	Schnittlauch
Salatzichorie	Sellerie
Schwarzwurzel	Spinat
Spargel	
Speiserübe (Mairübe, Herbstrübe)	
Tomaten	
Weißkraut	
Winterendivie	
Wirsing	

Kohlgewächsen, Knoblauch, Fenchel, Buschbohnen.

Möhren mit Zwiebeln, Salatzichorie, Tomaten, Schwarzwurzeln, Radies, Rettich, Mangold, Lauch, Knoblauch, Erbsen.

Kartoffeln mit Spinat, Kohlrabi, Buschbohnen.

Knoblauch mit Tomaten, Rote Rüben, Möhren, Gurken, Erdbeeren.

Kohlgewächse mit Tomaten, Stangenbohnen, Spinat, Spargel, Sellerie, Schwarzwurzeln, Rote Rüben, Mangold, Lauch, Kopfsalat, Kartoffeln, Gurken, Erdbeeren, Erbsen, Endivien, Buschbohnen.

Kopfsalat mit Zwiebeln, Salatzichorie, Tomaten, Stangenbohnen, Spargel, Schwarzwurzeln, Rhabarber, Radies, Rettich, Mais, Lauch, Kohlgewächsen, Gurken, Fenchel, Erdbeeren, Erbsen, Buschbohnen.

Lauch mit Tomaten, Sellerie, Schwarzwurzeln, Kopfsalat, Kohlgewächsen, Möhren, Erdbeeren, Endivien.

Mais mit Tomaten, Kopfsalat.

Mangold mit Radies, Rettich, Kohlgewächsen, Möhren, Buschbohnen.

Petersilie mit Tomaten, Radies, Rettich, Erdbeeren.

Radies/Rettich mit Tomaten, Stangenbohnen, Spinat, Petersilie, Mangold,

Kopfsalat, Knoblauch, Kohlgewächsen, Möhren, Erdbeeren, Erbsen, Buschbohnen.

Rote Rüben mit Zwiebeln, Kohlrabi, Knoblauch, Gurken, Erdbeeren, Buschbohnen.

Schwarzwurzeln mit Zwiebeln, Lauch, Kopfsalat, Möhren.

Sellerie mit Tomaten, Stangenbohnen, Spinat, Lauch, Kopfsalat, Kohlgewächsen, Gurken, Buschbohnen.

Spargel mit Kopfsalat, Kohlrabi.

Spinat mit Tomaten, Stangenbohnen, Sellerie, Rhabarber, Radies, Rettich, Kohlgewächsen, Kartoffeln, Erdbeeren.

Stangenbohnen mit Salatzichorie, Spinat, Sellerie, Radies, Rettich, Kopfsalat, Kohlgewächsen, Gurken, Endivien.

Tomaten mit Salatzichorie, Spinat, Sellerie, Radies, Rettich, Petersilie, Mais, Lauch, Kopfsalat, Kohlgewächsen, Knoblauch, Möhren, Buschbohnen.

Zichoriensalat mit Tomaten, Stangenbohnen, Kopfsalat, Möhren, Fenchel.

Zwiebeln mit Schwarzwurzeln, Rote Rüben, Kopfsalat, Möhren, Gurken, Erdbeeren.

Absolut ungünstig ist die Kombination von

Buschbohnen mit Zwiebeln, Lauch, Knoblauch, Fenchel, Erbsen.

Erbsen mit Tomaten, Stangenbohnen, Lauch, Knoblauch, Kartoffeln.

Fenchel mit Tomaten, Stangenbohnen, Buschbohnen.

Gurken mit Radies, Rettich.

Kartoffeln mit Tomaten, Sellerie, Rote Rüben, Kohlgewächsen, Erbsen.

Knoblauch mit Stangenbohnen, den verschiedenen Kohlgewächsen, Erbsen, Buschbohnen.

Kohlgewächsen mit Zwiebeln, Knoblauch, Kartoffeln, Kopfsalat, Petersilie.

Lauch mit Stangenbohnen, Rote Rüben, Erbsen, Buschbohnen.

Mais mit Sellerie, Rote Rüben.

Petersilie mit Kopfsalat, Sellerie.

Radies/Rettich mit Gurken.

Rote Rüben mit Mais, Lauch, Kartoffeln.

Sellerie mit Mais, Kartoffeln, Petersilie, Möhren.

Stangenbohnen mit Zwiebeln, Lauch, Knoblauch, Fenchel, Erbsen.

Tomaten mit Kartoffeln, Fenchel, Erbsen.

Zwiebeln mit Stangenbohnen, Kohlgewächsen, Buschbohnen.

Alle anderen Kombinationen verhalten sich zueinander neutral.

Im biologischen Gartenbau wird die gegenseitige Beeinflussung verschiedener Gemüsearten optimal genutzt. Keimung und Wachstum können durch Blatt- und Wurzelausscheidungen gehemmt oder gefördert werden. Manche Pflanzenarten wehren durch Duftstoffe (Blütenpflanzen) oder durch eine positive Beeinflussung des wurzelnahen Bodenbereiches (Rhizosphäre) sogar tierische oder pilzliche Pflanzenschädlinge ab. Besonders bekannt ist die Kombination von Möhren und Zwiebeln bzw. Lauch. Die Arten schützen sich gegenseitig vor einem stärkeren Befall mit Möhrenfliege, Lauchmotte und Zwiebelfliege. Die Duftstoffe vermischen sich hier und verunsichern die Schädlinge.

Kulturdauer der Gemüsearten

Langlebige Gemüsearten (Hauptkulturen)	Kurzlebige Gemüsearten (Vor-, Nach-, Zwischenkulturen)
Bohnen: Buschbohnen, Puffbohnen, Stangen- und Feuerbohnen	Gartenkresse
Eierfrucht (Aubergine)	Kohl: Chinakohl, Weißkohl, Rotkohl, Wirsing, Kohlrabi } Frühkohlarten
Erbsen	Mais (Gemüsemais)
Gurken	Möhren (früh)
Kohl: Blumenkohl, Weißkohl, Rotkohl, Wirsing, Rosenkohl, Grünkohl } Lagerkohl	Radies
Kohlrüben	Rettich (früh und Sommer)
Kürbis	Salat (sämtliche Salatarten wie Kopfsalat, Pflück- und Schnittsalat, Feldsalat, Sommerendivien)
Mangold	Speiserüben (Mai- und Herbstrüben)
Melone	Spinat
Möhren (spät)	
Paprika	
Pastinak	
Petersilie	
Porree	
Rettich (Herbstrettich)	
Rote Rüben	
Salatzichorie	
Schnittlauch	
Schwarzwurzel	
Sellerie (Knollensellerie)	
Tomate	
Zwiebel (sämtliche Arten)	
Winterendivie	

Standraumbedarf von Gemüsearten

Viel Platz brauchen	Wenig Platz benötigen
Bohnen (sämtliche Arten)	Erbsen (niedrige Arten)
Eierfrucht (Aubergine)	Kohlrabi
Gurken	Mangold
Kohl (sämtliche Arten außer Kohlrabi)	Möhre (Karotte)
Kürbis	Pastinak
Mais (Gemüsemais)	Petersilie
Melone	Porree
Paprika	Radies
Sellerie	Rettich
Tomate	Rote Rüben
	Salat (sämtliche Arten, auch Salatzichorie)
	Schnittlauch
	Schwarzwurzel
	Speiserüben (Mai- und Herbstrüben)
	Spinat
	Zwiebel (sämtliche Arten)
	Winterendivie

Vorfruchtwert (nach v. Hößlin)

Hoher Vorfruchtwert	Mittlerer Vorfruchtwert	Schlechter Vorfruchtwert
Porree	Tomate	Wurzelpetersilie
Sellerie	Blumenkohl	Rote Rübe
Kleegrasmischung	Kohlrabi	
Kopfsalat (früh)	Kopfkohl	
Luzerne	Möhre	
	Gurke	
	Zwiebel	
	Erbse	
	Buschbohne	

Sie sehen also, mit wie vielen, größtenteils gut bekannten und restlos erforschten Wachstumsfaktoren wir zu rechnen haben, wenn wir erfolgreich Mischkultur betreiben wollen. Es ist nicht möglich, einfach zwei Gemüsearten zusammenzupflanzen im Vertrauen darauf, daß »die Natur« schon alles regelt. Wissen und Beobachtungsgabe sind hier gefragt.

Vorfruchtwert

Der Begriff »Vorfruchtwert« gibt an, welchen Wert eine »Frucht« für die danach angebaute Nutzpflanzenart hat (siehe Tabelle). Vielfältige Faktoren sind dafür verantwortlich, zum Teil haben wir darüber schon im vorherigen Kapitel gesprochen, so zum Beispiel das *Wurzelgewicht*. Arten mit hohem Wurzelgewicht wie Porree haben einen sehr guten Vorfruchtwert.

Bodenverdichtungen durch Menschen oder Maschinen (zum Beispiel häufige Pflege- oder Erntemaßnahmen) oder durch das Dickenwachstum der Pflanzen wirken schädlich. Weiter ist der *Wasser- und Nährstoffentzug* der einzelnen Arten von entscheidender Bedeutung für ihren Vorfruchtwert, ebenso der Grad der *Bodenbeschattung*, der sich aber durch Mulchen (mittels natürlicher Stoffe oder Folie) intensivieren läßt.

Blatt- und Wurzelausscheidungen sind ebenfalls wichtig.

Neueste Versuche am Institut für Gemüsebau der Fachhochschule Weihenstephan (zum Thema Einfluß der Monokultur auf die Erträge von Kopfsalat, Knollensellerie, Blumenkohl und Porree) haben folgendes ergeben: Kopfsalat zeigte ab dem vierten Anbaujahr nach sich selbst im Vergleich zur dreigliedrigen Fruchtfolge bereits bedeutende Ertragsrückgänge, nach 18 Versuchsjahren waren sie auf 46 Prozent angewachsen. Der Grund dafür war die lawinenhafte Zunahme der Salatfäule, die durch kein Pflanzenschutzmittel eingedämmt werden konnte.

Auch bei Knollensellerie gingen die Erträge im vierten Anbaujahr nach sich selbst in alarmierender Weise zurück, konnten jedoch durch einen Sortenwechsel (Resistenz!) etwas in Grenzen gehalten werden. Im Vergleich zur dreijährigen Fruchtfolge betrug die Ertragsdepression im Mittel von 18 Versuchsjahren 27 Prozent. Der Grund dafür war der hohe Befall mit Sellerieschorf und Blattfleckenkrankheit.

Bei Blumenkohl und bei Porree kam es jedoch nach 46maliger Aufeinanderfolge (Monokultur) zu keinen Entragsrückgängen, bei Porree auch zu keinem Rückgang des Marktwertes. Der Boden in Weihenstephan ist ein schwerer Lehmboden mit einem pH-Wert von 7,2. Der kalkhaltige Boden läßt die Sporen des Kohlhernie-Erregers nicht auskeimen, sonst wäre die Katastrophe auch bei Blumenkohl perfekt gewesen. Im schweren Boden haben außerdem die Bodenkolloide eine hohe Adsorptionsfähigkeit.

Diese Versuchsergebnisse beweisen deutlich, wie sehr die Schädlings-Massenvermehrung bei Monokulturen die Erträge herabsetzt. Fruchtfolgekrankheiten treten unweigerlich auf. Auch die Ausgaben für Schädlingsbekämpfungs-

mittel steigen überdurchschnittlich stark an. Es ist also keinesfalls ein natürlicher Gartenbau, der mit solchen Monokulturen betrieben wird, sondern eine fabrikmäßige Pflanzenherstellung, rein vom Kosten-Nutzen-Standpunkt her bestimmt. Die folgenden ausgesprochenen Fruchtfolgekrankheiten werden durch eine wiederholte Monokultur besonders in den ersten Jahren geradezu gefördert.

Schaderreger Bakterien: Die bakterielle Blattfleckenkrankheit bei Gurken.

Schaderreger Pilze: Kohlhernie bei den Kohlarten, Fuß- und Welkekrankheiten bei Bohnen, Sellerie und Gurken; Welkekrankheiten bei Tomaten und Salat.

Schaderreger Älchen: Blatt- und Wurzelälchen können die meisten Gemüsearten befallen.

Schaderreger Insekten: Gemüsefliegen wie Kohl-, Möhren- und Zwiebelfliege.

Der seuchenartigen Ausbreitung dieser Schadenerreger kann nur durch häufigen Artenwechsel, durch Mischkultur, also Vermischung der Wirtspflanzen, oder durch den Anbau resistenter Arten gegengesteuert werden. Die sogenannten Anbaupausen (etwa Vermeidung von Kreuzblütlern beim Auftreten von Kohlhernie) sind unterschiedlich lang, bei der Kohlhernie beträgt die Pause 6 Jahre. Man kann solche Maßnahmen verkürzen oder vermeiden durch den Anbau von »Feindpflanzen«. Zum Beispiel lassen sich kleinblütige Studentenblumen *(Tagetes)* gegen Wurzelälchen einsetzen. *Tagetes* aktivieren die Älchen, dienen ihnen aber nicht als Futterpflanzen. Oder

Tagetes dienen als Feindpflanzen für Wurzelälchen. Als Unterbepflanzung können sie die Gemüsepflanzen vor starkem Befall schützen.

man kultiviert »Fangpflanzen«, beispielweise Spinat, ebenfalls gegen Wurzelälchen. Da endet das natürliche Leben der Pflanzen vor der Zystenbildung der Älchen. (Zysten sind die Dauerformen der Älchen.)

Arten mit hohem Vorfruchtwert sind meist auch gute Mischkulturpartner. Einseitige Fruchtfolgen bringen mit wenigen Ausnahmen immer Ertragsdepressionen. Diese Ertragsrückgänge sind meist sehr hoch und sie werden um so höher, je öfter man die Art nach sich selbst anbaut. Es wird ja der Boden in immer derselben Art und Weise beeinflußt, und zwar so lange, bis die Bodenstruktur verlorengeht. Die Massen ein- und derselben Pflanzenart entziehen laufend die gleichen Nährstoffe, bis zum Beispiel an einem bestimmten chemischen Grundstoff trotz Düngung Mangel herrscht. Dagegen ist unter Umständen ein anderer Nährstoff im Überfluß vorhanden und dieser Überschuß wird eventuell noch durch unkontrollierte Düngung bis zur Schadensgrenze erhöht. Und schließlich vermehren sich Krankheiten und Schädlinge in außergewöhnlich hohem Maße. Diese Epidemien können selbst durch übermäßige Anwendung von Pflanzenschutzmitteln nicht mehr in Schach gehalten werden; die Erreger sind resistent geworden. Und die Schädlingsbekämpfungsmittel sind teuer und sie wirken ihrerseits zerstörend auf die Natur, zum Beispiel durch die Vernichtung von Insekten, Vögeln und Fischen. Sie bleiben auch oft – trotz aller Wartezeiten-Verordnungen – als Rückstände im Erntegut und können so recht viel Unheil anrichten.

Fruchtwechsel

Fruchtwechsel bedeutet den Anbau jährlich wechselnder Gemüsearten auf dem gleichen Beet.

Die Einführung der verbesserten Dreifelderwirtschaft und der Fruchtwechselwirtschaft durch Albrecht Thaer (1752–1828) hat die landwirtschaftlichen Erträge steigen lassen, wodurch es möglich wurde, die ständig wachsende Bevölkerung Europas zu ernähren.

Die Erträge liegen um so höher, je seltener dieselbe Pflanzenart auf das gleiche Stück Land kommt. Die Mischkultur ist eigentlich nur die logische Fortsetzung dieser Erkenntnis. Und sie ist auch die geglückte Nachahmung der Natur, denn im Endstadium einer pflanzensoziologischen Sukzession (Entwicklung) wachsen immer Arten mit ähnlichen Ansprüchen (zum Beispiel sonnen- oder schattenliebend, kalk- oder säureliebend) zusammen, die einander aber in vielen anderen Eigenschaften ergänzen. Eine solche Pflanzengemeinschaft auf dem Gemüsebeet herzustellen, ist die Aufgabe des engagierten, neuzeitlichen Pflanzenfreundes.

Er wird also zum Beispiel Kürbis (oder Gurken) zusammen mit Mais anbauen, der ebenso wärmebedürftig ist, aber der durch seinen höheren Wuchs den Wind abhält und das Kleinklima für die niedrigen Gurkengewächse verbessert. Tomaten eignen sich nicht so gut für diesen Zweck. Sie sind zwar ebenfalls wärmeliebend und haben einen hohen Wuchs (Stabtomaten), aber durch ihre Anfälligkeit für die Kraut-

Nährstoffbedürftige Kulturen wie Kohlarten und Tomaten gedeihen am besten auf frisch mit Stallmist aufgedüngten Flächen.

und Braunfäule, die sich auf feuchten Blättern besonders leicht ausbreitet, ist das feuchte »Gurkenklima« nicht für sie geeignet.

Fruchtfolge, Kulturfolge

Unter Fruchtfolge versteht man die geplante Aufeinanderfolge der Gemüsearten auf einem Beet über mehrere Jahre hinweg. Wir unterscheiden – wie schon öfter besprochen – die einseitige Fruchtfolge von der vielseitigen Fruchtfolge. Die *Kulturfolge* dagegen ist das Nacheinander der Gemüsearten auf einem Beet innerhalb eines Jahres mit Vorkultur (zum Beispiel Kohlrabi), Hauptkultur (zum Beispiel Tomaten) und Nachkultur (zum Beispiel Feldsalat). Eine sich *überschneidende Kulturfolge* haben wir vorliegen, wenn zum Beispiel zwischen halbfertigem Salat Gurken gesät werden. Die Fortsetzung dieser Entwicklung ist die Mischkultur. Für den Gemüsebau gelten heute bezüglich der Fruchtfolge folgende Richtlinien (nach v. Hößlin):

1. Die gleichen Hauptkulturen, also Arten mit langer Vegetationsdauer, darf man erst frühestens nach drei Jahren wieder auf dasselbe Beet bringen. Bei Möhren, Erbsen, Gurken und Petersilie sollte der Abstand noch länger sein wegen der ausgeprägten Selbstunverträglichkeit.
2. Man kann den Folgezeitraum der Hauptkulturen einengen, wenn in der Zwischenzeit landwirtschaftliche Kulturen (zum Beispiel Getreide) oder Gründüngungspflanzen auf dem Beet stehen.
3. Die gleichen Vor- und Nachkulturen, also Gemüsearten mit kurzer Vegetationsdauer, sollte man nicht hintereinander anbauen.
4. Gänsefußgewächse *(Chenopodiaceae)* wie Spinat, Runkelrüben, Zukkerrüben, Rote Rüben, Mangold und Melde dürfen auf keinen Fall nacheinander auf das gleiche Beet kommen. Sie sind selbstunverträglich.
5. Gibt man alle zwei Jahre Stallmist, dann pflanzt man auf die so gedüngten Beete alle Kohlarten, Sellerie, Porree, Gurken und Tomaten. Auf die nicht mit Stallmist versorgten Flächen kommen die anspruchsloseren Arten, zum Beispiel alle Wurzelgemüse außer Sellerie, sämtliche Zwiebelarten außer Porree und die meisten Schmetterlingsblütler wie zum Beispiel Bohnen und Erbsen.

Die Kulturfolge, die Aufeinanderfolge der Gemüsekulturen auf einem Beet während eines Jahres, ist das Kennzeichen für die Intensität des Anbaues. Denn im extensiven landwirtschaftlichen Feldgemüsebau gibt es meist nur eine Ernte pro Jahr.

Aber im intensiv genutzten Hausgarten lassen sich zwei oder sogar drei Ernten pro Jahr von einem Beet holen. Wohlgemerkt hintereinander, wir sprechen hier nicht von der Mischkultur. Man hat vielerlei Möglichkeiten, die Standzeiten der Gemüsearten auf dem Beet zu verkürzen: Ich darf auf eine verlängerte Jungpflanzenanzucht in Kultureinrichtungen wie Frühbeet oder Gewächshaus hinweisen, auf optimale Düngung, Bewässerung und Pflege sowie ordentlich durchgeführte Bodenbearbeitung.

Bodenbearbeitung und Düngung

Bodenpflege

Will man Nutzpflanzen auf einem Stück Land anbauen, muß man es roden, »urbar« machen. Als die Menschen vor 10 000 Jahren vom Jagen und Sammeln zum Pflanzenanbau übergingen, hatten sie lediglich den Grabstock, aus dem sich später die Hacke entwikkelte, um den Boden zu lockern und von dem natürlichen Pflanzenwuchs zu säubern. Im Verlauf der Jahrtausende haben sich aus der Hacke Pflug und Spaten entwickelt, letzterer wurde unentbehrlich im Garten.

Die Aufgabe der Bodenbearbeitung ist es, die Schäden, die durch die Zerstörung der natürlichen Bodendecke entstanden sind, wieder auszugleichen. Sie bildet eine wichtige Voraussetzung für die Bodengare. Im Gemüsebaubetrieb geht normalerweise der Jahreslauf der Bodenbearbeitung folgendermaßen vor sich:

Im Winter entsteht durch Frosteinwirkung auf das im Herbst grobschollig gewendete Land die *Frostgare*. Im Frühjahr muß diese Frostgare durch die *Bearbeitungsgare* weitergeführt oder ersetzt werden, dazu kommen Krail und Rechen zum Einsatz. Im Vorsommer soll die Hacke nicht stillstehen, auch hier ergibt sich eine Bearbeitungsgare, die im Hochsommer durch die natürliche *Schattengare* weitergeführt wird (Bodenbedeckung durch die Kulturpflanzen). Im Herbst nach der Ernte wird wieder grobschollig das Land gewendet, um die Voraussetzung für die Frostgare zu schaffen.

Dieser jahrhundertelang durchgeführten Bearbeitungsweise wenden die biologisch arbeitenden Gärtner nun entgegen, daß durch das ständige Wenden der obersten 20 bis 30 cm dicken Bodenschicht das Leben im Boden nach und nach abstirbt. Die luftliebenden (aeroben) Organismen kommen nach unten und ersticken, die luftfliehenden (anaeroben) Lebewesen gelangen nach oben und gehen dort zugrunde. Organische Substanz kommt zu tief nach unten und beginnt dort unter Luftabschluß zu gären und zu faulen. Gleichzeitig kommt minderwertiger Unterboden an die Oberfläche und hemmt dort Keimung und Jugendwachstum der neuen Saat, während der wertvolle Mutterboden, die Krume, 30 cm tiefer verkommt.

Eine *biologische Gare*, wie sie ständig im natürlichen Boden vorhanden ist, kommt auf diese Art und Weise gar nicht erst zur Ausbildung. Wir müssen mit unseren Werkzeugen ständig eine *physikalische Gare* erhalten, die beim ersten stärkeren Niederschlag ver-

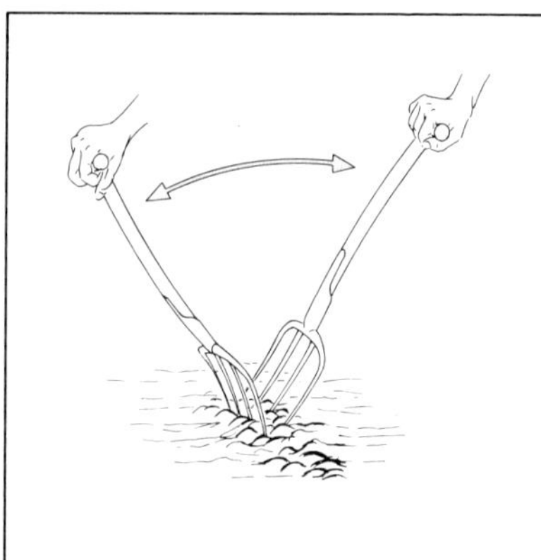

Links unten: Anstatt umzugraben, lockert man den Boden mit der Grabgabel. Man sticht die Gabel ein und bewegt sie mit dem Stiel vor und zurück.

Unter organischem Mulchmaterial bleibt der Boden locker und krümelig. Der Feuchtigkeitsgehalt des Bodens sowie die Bodentemperatur sind ausgeglichen, das Unkrautwachstum ist gehemmt.

schwindet. Man soll also nicht umgraben, sondern den Boden mit einer Grabgabel lockern. Dazu stechen Sie die Gabel ganz in den Boden hinein und bewegen den Stiel vor und zurück. Die Gabeleinstiche macht man am besten in einer Reihe wie beim Umgraben, die Reihen stehen etwa 5 cm weit auseinander. So wird der Boden auf optimale Weise tief gelockert, aber nicht gewendet. Wir führen diese Arbeit im Herbst und im Frühjahr durch, wenn keine Kulturen auf dem Land stehen. Im Frühling kommen vor der ersten Bestellung noch Krail und eventuell Rechen zum Einsatz.

Die *Schattengare* wird im biologisch bewirtschafteten Garten mit Hilfe von schwarzer Mulchfolie oder noch besser mit organischem Material, zum Beispiel mit altem Heu, Stroh oder sonstigen Pflanzenteilen kurz nach der Bestellung erzeugt. In der Natur gibt es schließlich auch keine unbedeckten Böden, es seien denn Wüsten oder Halbwüsten, in denen nur wenig oder gar kein Leben möglich ist. So werden unsere »Kulturwüsten«, deren Böden den größten Teil des Jahres ungeschützt Sonne, Wind und Regen preisgegeben sind, sehr bald unfruchtbar, wenn nichts dagegen getan wird. Das Bodenleben stirbt, der Humus wird nicht mehr ersetzt. Durch ständiges Hacken muß man den Boden locker halten, dadurch werden die sich ganz nahe der Oberfläche hinziehenden Wurzeln zerstört, wir schädigen damit die Pflanzen, die sich nicht mehr optimal entwickeln können.

Unter Mulchmaterial bleibt der Boden locker und gut gekrümelt, die Temperatur ist gleichmäßig, die Bodenlebewesen und die flachen Wurzeln werden nicht gestört. Außerdem kann Unkraut nicht aufkommen und das Erntegut bleibt sauber. Denken Sie nur an die Erdbeeren, deren Kultur ohne sauberen Strohmulch heute nicht mehr denkbar

Schwarze Mulchfolie trägt zur Erhöhung der Bodentemperatur bei, Unkraut kann darunter nicht aufkommen. Auch die Bodenverdunstung ist herabgesetzt.

ist. Außerdem wird auf dem sehr belebten Boden das organische Bedeckungsmaterial von den Kleinlebewesen langsam abgebaut, mineralisiert nennt es der Fachmann, und die so gewonnenen Nährstoffe kommen den Pflanzen zugute. Deshalb heißt Bodendeckung mit organischen Stoffen auch Flächenkompostierung. Dies ist ein Kreislauf, wie er in der Natur von jeher stattfindet.

Zu dieser Art von Bodenpflege gehört auch der Anbau der Zottelwicke, *Vicia villosa*, zur Wintergründüngung (Aussaat 20 g pro m^2). Ihre mit stickstoffsammelnden Knöllchenbakterien besetzten Wurzeln reichen bis in eine Tiefe von 80 cm. Die Zottelwicke wird zusammen mit Winterweizen oder Winterroggen (je 10 g pro m^2) sofort nach der letzten Ernte auf die Beete gesät und bleibt dort bis zur ersten Bestellung im Frühjahr stehen. Die ausgerissenen, nicht untergegrabenen Pflanzen können dann im Frühjahr gleich als Mulchmaterial dienen.

Düngung

Im natürlichen Kreislauf ist die Nährstoffbilanz stets ausgeglichen. Abgestorbene Pflanzen und Pflanzenteile werden im tätigen Boden abgebaut, das heißt »mineralisiert«. Das gleiche geschieht mit Exkrementen, Haaren, Federn, abgestorbenen Insekten und niederen Tieren. Das alles verbessert den Boden, die Wurzeln dringen ein und befördern die durch den Abbau freigewordenen Mineralstoffe in den wachsenden Pflanzenkörper, wo sie wieder zu Aufbau und Leben beitragen.

Dieser natürliche Kreislauf genügt nicht für den Nutzpflanzenanbau. Hier werden ja oft bedeutende Mengen organischer Substanz dem Kreislauf entnommen, die wieder ersetzt werden müssen.

Die Pflanzenwurzeln und die sie umgebenden Mikroorganismen bilden ein enges System. Mikroben können ungelöste Nährstoffe in lösliche Formen umwandeln. Diese Rhizosphäre, zu der Pflanzenwurzeln und Mikroorganismen gehören, ist noch nicht genügend erforscht. Es handelt sich jedoch dabei um einen engen Verbund, in dem die Wurzeln mit Nähr-, Wirk- und Wuchsstoffen von den Mikroben versorgt werden und diese wieder von den Ausscheidungen der Wurzeln profitieren. Mikroorganismen bilden somit die Brücke zwischen der organischen Substanz im Boden und den Faserwurzeln. Monokulturen und einseitige Düngung schädigen diese Lebensgemeinschaft von

Kopfsalat wie auch Spinat reichert in der lichtarmen Jahreszeit in seiner Blattmasse viel Nitrat an. Eine Überdüngung mit Stickstoff läßt den Nitratgehalt in gesundheitsgefährdende Bereiche ansteigen.

Die Widerstandsfähigkeit und die Haltbarkeit der Gemüsearten lassen nach. In letzter Zeit ist viel die Rede von zu hohem Nitratgehalt mancher Gemüsearten, besonders von Salat und Spinat. Im Verlauf der Zubereitung kann sich Nitrat in Nitrit und später im Magen in krebserregende Nitrosamine umwandeln.

Schon hier möchte ich deshalb auf die gezielte Düngung hinweisen, die jeder Gemüseart nur die für sie richtige Nährstoffmenge zu der Zeit anbietet, in der sie gebraucht und verwertet wird. Jede Art benötigt nämlich eine für sie spezifische Nährstoffmenge, und zwar zu einer bestimmten Zeit. Das ist heute recht gut erforscht.

Der Dünger muß sofort aufgenommen werden. Er darf nicht in den Untergrund ausgewaschen werden und dort das Grundwasser und damit unser Trinkwasser verschmutzen. Deshalb sind Bodenuntersuchungen wichtig, weil man sich bei den Düngerzugaben nach dem Nährstoffgehalt des Bodens richten muß. Denn auch durch organische Düngemittel und durch Mulch mit organischen Stoffen, also durch Flächenkompost, werden viele Nährstoffe und auch Stickstoff dem Boden zugeführt. Man sollte die organischen Dünger deshalb nicht im Herbst ausbringen, über Winter waschen Schnee und Regen den Stickstoff aus.

Kalium (K_2O) fördert die Bildung fester Zellwände, er begünstigt die Lagereigenschaften, die Frosthärte und die Widerstandsfähigkeit gegen Schädlinge und Krankheiten. Kalimangel zeigt sich an gelblich-braunen Blatträndern, vor allem an älteren Blättern, Kaliüber-

Pilzen und Wurzeln höherer Pflanzen. Was die Pflanze durch diese Mineralisierung von organischem Material an Nährstoffen erhält, reicht oft nicht aus. Dies gilt besonders für den intensiven Gemüsebau mit einer hohen Entnahme von organischem Material, das nicht mehr dem natürlichen Kreislauf zur Verfügung steht. Es muß also zugedüngt werden.

Die wichtigsten Nährstoffe

Stickstoff (N) ist für Pflanzen und speziell für das Gemüse ein lebenswichtiges Element. Dieser chemische Grundstoff fördert den Massenzuwachs, Frühgemüse werden durch Stickstoffzugabe schneller erntereif. Ein Mangel an diesem Element zeigt sich in hellgrün-gelblicher Blattfärbung. Das Wachstum der Pflanzen kommt fast vollständig zum Stillstand. Stickstoffüberdüngung bewirkt dunkelgrüne, »mastige« Blätter.

schuß an einem harten, unnatürlich gedrungenen Pflanzenaufbau. Letzterer wirkt sich nicht so katastrophal aus wie ein Stickstoffüberfluß. Kalium wird außerdem nicht so rasch ausgewaschen.

Phosphorsäure (P_2O_5) fördert die Blüten- und Fruchtbildung. An Kalk gebunden wird der Nährstoff im Boden gespeichert, Überdüngung und Auswaschung kommen hier deshalb fast gar nicht vor. Andererseits kann Phosphormangel auch von einem zu hohem Kalkgehalt im Boden herrühren. Er zeigt sich in Form von Blühunwilligkeit und rotbrauner Verfärbung der Blattunterseite.

Kalzium (Ca) ist nicht nur Pflanzennährstoff, sondern in Verbindung mit Kohlenstoff (kohlensaurer Kalk, $CaCO_3$) auch ein Bodenverbesserungsmittel. Kalk neutralisiert überschüssige Säuren. Auf Böden mit hohem pH-Wert (höher als pH 7,5) gibt man besser keinen Kalk, sonst werden wichtige Pflanzennährstoffe (Phosphorsäure, Eisen, Bor) in einer für die Nutzpflanzen nicht aufnehmbaren Form gebunden. Manche Gemüsearten, zum Beispiel Gurken, Sellerie, Tomaten, sind gegen zuviel Kalk empfindlich. Viele Mineraldünger (zum Beispiel Kalksalpeter) enthalten außer Stickstoff auch Kalzium. Der pH-Wert bezeichnet den Säuregrad des Bodens. Der gärtnerische Fachhandel bietet geeignete Geräte zu seiner Bestimmung an.

Fehlt Kalzium im Boden, können die dunkel verfärbten Sproßspitzen der Pflanzen absterben.

Magnesium (Mg) ist im Blattgrün jeder Pflanze vorhanden. Magnesiummangel zeigt sich häufig auf sauren Sandböden, die älteren Blätter werden blaßgrün und haben zum Teil fahlgraue Flecken.

Bor (B) ist ein »echtes« Spurenelement. Mangelsymptome treten hier vor allen Dingen auf stark kalkhaltigen Böden auf. Bormangel zeigt sich bei Sellerie besonders deutlich. Hier werden die Blätter brüchig, der Vegetationspunkt stirbt ab und die innen hohle Knolle platzt auf. Bei Roten Rüben stirbt ebenfalls der Vegetationspunkt ab und es treten Korkflecken auf der Rübe auf, die im Winterlager zu faulen beginnen. Der Blumenkohl bildet bei Bormangel braune Flecken an der Blume, später fault die ganze Pflanze.

Molybdän (Mo). Ein Mangel zeigt sich ebenfalls besonders deutlich bei Blumenkohl. Die Blätter sind dann außergewöhnlich lang, schmal und hellgrün mit braunen Flecken. Der Vegetationspunkt stirbt ab. Dieser Molybdänmangel tritt vor allen Dingen bei sehr niedrigem pH-Wert auf, das Element wird dann – wie auch das Magnesium – chemisch festgelegt.

Mangan-(Mn-) Mangel ist sehr selten. Er sieht aus wie Stickstoffmangel, im Endstadium ähnelt er einem Eisenmangel. Manganmangel tritt eigentlich nur auf anmoorigen oder Moorböden auf.

Eisen (Fe) spielt im Stoffwechsel der Pflanzen eine große Rolle. Ein Eisenmangel, die sogenannte Chlorose, äußert sich in hellerer Blattfärbung oder Gelbfärbung, bis schließlich keinerlei Farbe mehr in den Blättern ist. Die Blattadern bleiben jedoch grün. Auch normalerweise rotgefärbte Pflanzenteile werden hell. Die Ursache ist vor allen Dingen ein zu hoher pH-Wert. Enthält der Boden zuviel Kalk, wird Eisen festgelegt. Besonders kalkfliehende Pflanzen zeigen Chlorosen, wenn sie auf Böden mit zu hohem pH-Wert stehen.

Praktische Düngung

Wie wir beim Stickstoff gesehen haben, ist die Grundlage jeder effektiven Düngung die Bodenuntersuchung. Heute wird – besonders in Freizeitgärten – nach dem Motto »viel hilft viel« eine extreme Überdüngung, auch mit Kompost, Stallmist und Gründüngung, betrieben. Diese Überversorgung schlägt dann in einer Verschmutzung der stehenden und fließenden Gewässer (Eutrophierung = Nährstoffüberlastung) und des Grundwassers nieder. Außerdem bilden sich unerwünschte Nitratüberschüsse in den Pflanzen.

Vor dem Anbau empfiehlt sich die Bodenuntersuchung. Der Fachberater im Landratsamt, der örtliche Gartenbauverein oder die Stadtgartendirektion nennen auf Anfrage Adressen von Untersuchungsanstalten. Eine solche Bodenuntersuchung, die immer mit gezielten Düngeempfehlungen verbunden ist, kostet etwa 30 DM, ein wahrhaft gut angelegter Betrag, denn er bewahrt vor einschneidenden Fehlern. Diese Bodenanalyse ist alle zwei bis drei Jahre erforderlich, um den Überblick nicht zu verlieren. Auch eine Untersuchung des Bodens auf Schadstoffe wie zum Beispiel Blei, Cadmium oder chlorierte Kohlenwasserstoffe und Mineralöle ist besonders in Belastungsgebieten, zum Beispiel an großen Verkehrswegen oder in der Nähe von Industrieanlagen, sehr zu empfehlen. Lassen Sie sich von Ihrem Fachberater oder Ihrem Gartenbauverein die richtige Methode der Bodenprobe-Entnahme zeigen. Es muß sich nämlich um eine optimale Mischprobe des ganzen Grundstücks handeln.

Düngemittel und Düngemethoden

Die **Gründüngung** wendet man an, wenn einmal »zwischendurch« ein Beet frei ist, wenn bei einem Neubau der frisch angefahrene Mutterboden sich als noch nicht gartenwürdig erweist, wenn eine größere Reise oder eine Krankheit die Beschäftigung mit dem Garten verhindern und – sehr wichtig – wenn im Winter der Boden nicht ungeschützt bleiben soll. Auch als Zwischenfrucht eignen sich Gründüngungspflanzen. Es gibt fertige Saatgutmischungen für die sommerliche Gründüngung, zum Beispiel »Schnellgrüner«, der überall wächst.

Wenn im Sommer über eine längere Zeit hinweg Gründüngungspflanzen auf dem Beet stehen sollen, sät man folgende Arten:

- Futter-(Saat-)Wicke *(Vicia sativa)* und Hafer *(Avena sativa)*, 10 g und 2 g pro m^2.
- Steinklee *(Melilotus officinalis)*, 3 g pro m^2.
- Luzerne *(Medicago sativa)*, 3 g pro m^2.
- Lupine *(Lupinus polyphyllus)*, 20 g pro m^2.

Als Zwischenkultur zwischen den Gemüsereihen kann man andere Gründüngungspflanzen säen:

- Phacelia, Büschelschön, Bienenfreund *(Phacelia tanacetifolia)*, 2 g pro m^2.

- Futtererbse *(Pisum sativum* ssp. *arvense)*, 15 g pro m^2.
- Ölrettich (*Raphanus sativus* var. *oleiforme*), 3 g pro m^2.
- Gelbe Lupine *(Lupinus luteus)*, 4 g pro m^2.

Zur Wintergründüngung verwendet man neben der schon besprochenen Zottelwicke *(Vicia villosa)*, 20 g pro m^2, zusammen mit Winterweizen oder Winterroggen (jede Art 10 g pro m^2) folgende Pflanzenarten:

- Winterraps *(Brassica napus)*, 3 g pro m^2.
- Landsberger Gemenge, 8 g pro m^2. Dieses Landsberger Gemenge besteht aus folgenden Arten: Zottelwikke *(Vicia villosa)*, Inkarnatklee *(Trifolium incarnatum)*, Oldenburgisches Weidelgras *(Lolium × hybridum)*, und zwar im Verhältnis 3 : 2 : 2.

Die Pflanzen der Wintergründüngung beschatten und beschützen nicht nur den Boden während des Winterhalbjahres. Auch der sonst durch die in dieser Zeit meist reichlichen Niederschläge ausgewaschene Stickstoff (Grundwasserbelastung!) wird aufgefangen und im Pflanzengewebe eingebaut, das heißt gespeichert. Im Frühling, wenn diese Pflanzen als Mulch und Flächenkompost dienen, mineralisiert der Stickstoff wieder und kommt nun den Kulturpflanzen zugute.

Das wichtigste organische Düngemittel im Gemüsebau ist jedoch der **Stallmist**. Schon im frühen Mittelalter brachte man den Wirtschaftsdünger auf die Felder, um das Pflanzenwachstum zu fördern. Der im tätigen Boden rapide fortschreitende Humusabbau macht es erforderlich, mindestens jedes zweite Jahr eine Stallmistdüngung zu verabreichen. Bedenken Sie, man entnimmt diesem Boden eine ungeheure Menge organischer Substanz, die sonst der Pflanzenernährung zugute käme. Drei Ernten im Jahr sind ja unser Ziel. In intensiv genutzten Gartenböden werden in unseren Breiten etwa pro Jahr 40 kg/100 m^2 organischer Substanz zersetzt, das heißt mineralisiert. Stallmist kann bei schonender Bodenbearbeitung eingehackt werden, aber auch als Mulchdecke, die sich nach und nach mit dem Boden vermischt, ist Stallmist hochwirksam. Im zweijährigen Turnus gibt man 5 dt pro 100 m^2 Fläche.

Den nächstwichtigen Dünger im Gemüsebau bildet der **Kompost**. Das ist unter Zuführung von Luft (aerob) abgebautes organisches Material. Gartenabfälle – auch gehäckselte oder kleingeschnittene Zweige – werden in guter

Links außen: Die Phacelia eignet sich in den Sommermonaten auch als Zwischenkultur und dient den Bienen als Futterpflanze.

Links: Ölrettich eignet sich gut als kurzfristig eingesäte Gründüngung. Blühende Tagetes durchsetzen die Saat.

Mischung an einem schattigen Platz aufgesetzt. In frostfreien Wintermonaten kann nun dieser Haufen umgesetzt werden, um im zweiten Jahr gute Komposterde zu liefern. So ein reifer Kompost ist im Gemüsebau aber oft gar nicht erforderlich. Wir brauchen diese gute Erde lediglich für die Jungpflanzenanzucht oder zur Nährstoffanreicherung auf dem Hügel- oder Hochbeet. Auf die Flachbeete kommt das halbverrottete Material. Dort arbeitet es, wie organischer Mulch, als Flächenkompost weiter, gleichzeitig wirkt es als schützende Decke. Wir können also die physikalische und die chemische Wirkung (Nährstoffzufuhr!) des Kompostes kombinieren. Pro 100 m^2 Boden verabreicht man 1 m^3 Kompost im zweijährigen Turnus.

Die Kompostwirtschaft ist eine Wissenschaft für sich. Am einfachsten ist es – wie oben beschrieben – die Gartenabfälle in guter Mischung, optimal durchlüftet, an einem schattigen Platz aufzusetzen und den Haufen der zersetzenden Kraft der Bodenorganismen zu überlassen. Sie können aber auch Küchenabfälle, Mist von Kleintieren, eingeweichte Zeitungen und Pappkartons, ja manchmal eine günstig zugekaufte Fuhre Mist von Großtieren kompostieren.

Hier lautet das erste Gebot: Niemals ein Material kompakt aufsetzen, immer mehrere Materialien mischen, hie und da einige Schaufeln belebten Mutterboden dazwischenwerfen zur Impfung mit Bodenlebewesen. Und in einigen Abständen streut man breitwürfig und vorsichtig ein bis zwei Hände Hornspäne und Knochenmehl über den Haufen. Auch eine vorsichtige Kalkzugabe wird sich positiv auswirken. Dann dürfte nicht mehr viel schiefgehen mit dem Kompost, die sogenannten »Kompoststarter« wollen wir vergessen – sie dienen einzig und allein dazu, die Taschen der Hersteller zu füllen.

Ein richtig aufgesetzter und gut durchlüfteter Komposthaufen bedeutet keine Geruchsbelästigung für die Nachbarn. Sollte aber doch jemand Anstoß nehmen, dann gibt es eine Vielzahl von Komposttonnen, die keinerlei Ablehnung aufkommen lassen. Achten Sie bei der Anschaffung eines solchen Hilfsmittels darauf, daß die Lüftung gut gesichert ist, sonst richtet die Tonne mehr Schaden als Nutzen an. Das Endprodukt des Abbaus organischer Stoffe unter Luftabschluß, also der Fäulnis, ist eine übelriechende Schmiere, gerade noch geeignet für die Müllabfuhr. Vergessen Sie niemals, Ihre Komposttonne mit einigen Regenwürmern zu impfen, hier können diese ja nicht – wie im Haufen- oder Flächenkompost – aus der Nachbarschaft zuwandern, um ihr segensreiches Werk zu verrichten.

Düngetorf ist nährstofffreier Hochmoortorf, bis vor kurzem gepriesen als *das* organische Bodenverbesserungsmittel im Gartenbau. In den letzten Jahren ist man von dieser Ansicht abgerückt. Die Zerstörung der wenigen noch vorhandenen intakten Hochmoore ist ein zu hoher Preis für die Erzeugung einer in ihrer Wirksamkeit umstrittenen organischen Substanz. Wer trotzdem auf Düngetorf nicht verzichten will, verabreicht pro 100 m^2 Anbaufläche 5 Ballen im Abstand von 5 Jahren.

Torfschnellkompost wird aus mineralischen Düngemitteln und Torfmull hergestellt. Man zerkleinert einen Ballen Torf, zwischen das trockene Material werden 7 kg Thomasmehl, 7 kg Patentkali (schwefelsaures Kalimagnesia) und 5 kg Kalkstickstoff gemischt. Dann gibt man unter ständigem Durcharbeiten der Masse langsam und vorsichtig 300 Liter Wasser (= 30mal eine 10-Liter-Kanne) zu. Anschließend setzt man eine flache Miete auf, ungefähr 60 cm hoch und 120 cm breit, und klopft die Mietenwände mit der Schaufel fest. Zum Schluß kommt eine ungefähr 10 cm dicke Erdschicht über diesen flachen Hügel. Nach 4 Wochen setzt man die Miete um und bedeckt sie nochmals etwa 10 cm stark mit Erde. Nach weiteren 3 Wochen ist der Torfschnellkompost fertig, er kann auf das Beet gebracht werden. Pro 100 m^2 Fläche gibt man die aus einem Ballen Torfmull entstandene Menge in zweijährigem Turnus. Verabreichen Sie Torfschnellkompost als Mulchschicht oben auf dem Boden, leichtes Einhacken wird von Vorteil sein.

Torfmischdünger sind zum Beispiel Super Manural, Humobil, Huminal. Hier handelt es sich um Mischungen von Düngetorf und mineralischen Pflanzennährstoffen. Diese Düngemittel sind sehr nährstoffreich, sie müssen nach aufgedruckter Gebrauchsanweisung angewendet werden.

Organische Handelsdüngemittel werden meist aus tierischen Abfällen wie Horn, Knochen, Mehl, Blut oder Haaren hergestellt. Es gibt sie mit und ohne Zusatz mineralischer Düngemittel. Der Abbau dieser Substanzen in der Erde dauert lange und kann auch nur in tätigen und erwärmten Böden in der obersten Schicht erfolgen. Diese Düngemittel bieten also keine Sofortdüngung, auch als Kopfdüngung zeigen sie erst dann Wirkung, wenn die Kultur längst

Ein Komposthaufen dient der Abfallbeseitigung und liefert nährstoffreiche Komposterde. Das Material muß aber locker aufgeschichtet und gut durchlüftet sein. Die Kapuzinerkresse gedeiht gut auf dem Kompost und schützt ihn vor Austrocknung.

abgeräumt ist. Die Tabelle bringt eine Übersicht über einige Erzeugnisse.

Anorganische Handelsdüngemittel. Um gleich zu Anfang ein Vorurteil auszuräumen: Es ist nicht wahr, daß man vom Verzehr mineralisch gedüngter Gemüsearten krank wird. Auch die Bodenfruchtbarkeit wird durch sie nicht zerstört. Eine harmonische, richtig dosierte und gezielt eingesetzte mineralische Düngung verbessert Qualität und Ertrag der Gemüsearten. Justus von Liebig (1803–1873) hat entdeckt, daß die Pflanzen ausschließlich von anorganischen Stoffen leben. Humus muß also erst mineralisiert werden, ehe die Nährstoffe für die Pflanzen aufnehmbar sind. Erst durch diese Entdeckung konnte der Hunger in der Welt besser bekämpft werden.

Steinmehle sind mineralische Düngemittel, die im biologischen Gartenbau Verwendung finden. Sie werden durch Vermahlen von Kalkstein oder Urgestein hergestellt. Je nach Ausgangsprodukt reagieren sie alkalisch oder leicht sauer. Gesteinsmehle wirken physikalisch etwas bodenlockernd, als Nährstoffe sind je nach Ausgangsmaterial Kalk, Kalium, Silizium und viele Spurenelemente vorhanden. Die Wirkung hält lange, weil die chemischen Grundstoffe aus dem Gesteinsmehl erst gelöst werden müssen. Man gibt etwa 200 g pro m^2. Im herkömmlichen Gartenbau werden die mineralischen Nährstoffe direkt, ohne Mitwirkung von Bodenorganismen, den Wurzeln zugeführt. Der biologische Gartenbau verabreicht Nährstoffe, die erst durch die Aktivität des Bodens und seiner Mikroorganismen pflanzenaufnehmbar werden.

Wer unbedingt biologisch gärtnern will, braucht aber auch nicht auf mineralische Handelsdüngemittel zu verzichten. Wir haben zum Beispiel das **Thomasmehl**, das aus den Kalksteinen entsteht, die bei der Eisenverhüttung zugesetzt werden (Thomasschlacke). Thomasmehl enthält 15% Phosphat (P_2O_5) und 40 bis 50% Kalk, außerdem sind zahlreiche Spurenelemente vorhanden. Die Phosphorsäure liegt hier also an Kalk gebunden vor, doch schwache Säuren wie zum Beispiel die Wurzelsäuren der Pflanze sind imstande, das Phosphat verfügbar zu machen. Thomasmehl mit seiner langsamen, lang anhaltenden Wirkung ist ein ideales Grund- und Vorratsdüngemittel. Man verabreicht 50 g pro m^2 Fläche. Auf dem Markt ist seit 1982 allerdings nur noch der Kombinationsdünger Thomas-Kali erhältlich mit 10% P_2O_5 und 20% K_2O, 30 bis 35% CaO, 2% Mg, 3% Mn. Die Anwendungsmenge entpricht der von Thomasmehl.

Patentkali oder **schwefelsaure Kalimagnesia** enthält 26 bis 30% K_2O, hauptsächlich in Form von schwefelsaurem Kali. Daneben ist schwefelsaures Magnesium und schwefelsaurer Kalk (Gips) vorhanden. Patentkali kommt in der Natur vor und wird im Untertagebau gewonnen, es ist leicht wasserlöslich und steht der Pflanze schnell zur Verfügung. Außerdem sind hier die schädlichen Chlorsalze nicht vorhanden, dagegen das für die Pflanze sehr wichtige Magnesium. Man verabreicht 150 g pro m^2 Fläche.

Daneben werden die verschiedenen **Düngekalke** ebenfalls der Natur entnommen, werden also nicht künstlich

Organische Handelsdüngemittel

Name	mit mineralischen Zusätzen	Inhaltsstoffe in %				Aufwandmenge in g/m²
		N	P_2O_5	K_2O	Spurenelemente	
Blutmehl, entfettet	nein	14	–	–	nein	80–100
Engelharts Gartendünger	ja	7	7	7	nein	100
Hornoska	ja	7	4	8	ja	100–120
Hornoska spezial	ja	8	7	10	ja	100
Horngries	nein	13	–	–	nein	80–100
Hornspäne	nein	14	–	–	nein	80–100
Knochenmehl	nein	6	20	1	ja	60
Compo-Organisch-mineralischer Komplettdünger	ja	8	7	10	ja	80–100
Manna Spezial	ja	7	7	9	ja	100–120
Nettolin Humusdünger	ja	3	2	4	nein	120–150
Oscorna-Animalin	nein	6	9	1	nein	80
Oscorna Universal	nein	6	6	1	nein	80
Echter Guano	nein	6	12	2	+ Kalk	60
Lucona (Humuskorn)	nein	5	4	3	nein	80–100
Rizinusschrot	nein	6	2,5	1,5	nein	80

Stickstoff-(N)-haltige mineralische Handelsdüngemittel

Name	% N	% Ca	Aufwandmenge	in g/m²
Ammonsulfatsalpeter	26	–	Kopfdüngung	20–30
Kalkammonsalpeter	26	33	Kopfdüngung	20–30
Kalksalpeter	15,5	28	Kopfdüngung	20–30
Natronsalpeter	16	–	Kopfdüngung	20–30
Schwefelsaures Ammoniak	21	–	Grunddüngung	100
Kalkstickstoff gemahlen	20,5	60	Grunddüngung	100
Kalkstickstoff geperlt	19,8	60	Grunddüngung	100
Harnstoff	etwa 46	–	Grunddüngung	20–30

hergestellt. Sie werden von Lagerstätten abgebaut und kommen vermahlen zur Anwendung. Je nach Herkunft sind die CaO-Gehalte unterschiedlich hoch. 200 g pro m^2 kann man geben, aber nur dann, wenn der pH-Wert des Bodens unter 5 abgesunken ist und wir Gemüse anbauen wollen, das einen pH-Wert von 6 bis 7 verlangt.

Das wären also die in der Natur vorkommenden Düngemittel, alles andere ist künstlich hergestellt, »Kunstdünger«, wie man so schön sagt.

Wir unterscheiden bei den **Stickstoffdüngemitteln** zwischen verschiedenen Wirkungsformen. Sofort steht der Stickstoff der Pflanze bei allen Salpeterarten zur Verfügung; sie eignen sich daher vor allen Dingen für die Kopfdüngung.

Die Ammoniakdünger werden dagegen in sorptionsfähigen Böden für einige Zeit festgehalten, ehe das Ammoniak nitrifiziert und der Stickstoff damit für die Pflanzen aufnehmbar geworden ist. Kalkstickstoff, ein Kalziumcyanamid, ist giftig. Man setzt ihn im übrigen zur Bodendesinfektion ein! Er muß im Boden eine Umwandlung erfahren, ehe der Nährstoff für die Pflanzen verfügbar wird. Kalkstickstoff bringt man für die Frühjahrsgrunddüngung daher schon im Winter aus.

Harnstoff, obwohl künstlich hergestellt, unterscheidet sich nicht von dem natürlichen Produkt. Er enthält dreimal soviel Reinstickstoff wie die anderen Stickstoffdüngemittel. Dies ist bei der Dosierung zu beachten. Auch Harnstoff muß erst im Boden abgebaut werden, ehe er in die für die Pflanzen aufnehmbare Nitratform gebracht ist. Er eignet sich deshalb nicht als Kopfdünger, außerdem ist er teuer.

Ammonsalpeter enthält den Stickstoff sowohl in Nitrat- als auch in Ammoniakform, er wirkt deshalb sofort und auch länger anhaltend.

Mehrnährstoffdünger werden von verschiedenen Firmen angeboten. Üblich ist die Farbkennzeichnung dieser Düngemittel, wobei violett (N:P:K = 10:15:20), rot (13:13:21), gelb (15:15:21) für Pflanzen geeignet sind, die Chlorid vertragen. Blau (12:12:20), blau extra (12:12:17:2) und blau-Spur (12:12:17:2) enthalten das Kalium als K_2SO_4, außerdem sind Spurenelemente vorhanden.

Mineraldünger sind zum großen Teil wasserlöslich und stehen daher in relativ kurzer Zeit den Pflanzen voll zur Verfügung. Werden sie nicht gebraucht, genügt ein stärkerer Niederschlag oder eine intensivere Wassergabe, um sie auszuwaschen und sie damit im Untergrund beziehungsweise im Grundwasser verschwinden zu lassen. Liegen die gedüngten Flächen an einem Gewässer, dann werden die Dünger in das Wasser geschwemmt, durch die höhere Nährstoffzufuhr vermehren sich Algen und andere Wasserpflanzen in ungehemmter Weise. Dadurch wird der Sauerstoff im Wasser aufgezehrt, das Gewässer »kippt um«, das heißt, tierisches oder pflanzliches Leben ist darin nicht mehr möglich, eine übelriechende, faulende Brühe entsteht.

Bei den Mineraldüngergaben unterscheidet man generell zwischen Grunddüngung und Kopfdüngung(en). Die Grunddüngung gibt man vor dem Anbau, die erste Kopfdüngung etwa 3 Wo-

Fabrikmäßig hergestellte Kalidüngemittel

Name	% K_2O	% schwefelsaures Mg ($MgSO_4$)	Aufwandmenge g/m²
Kalisalz 40%	40	–	30
Kalisalz 50%	50	–	20
Schwefelsaures Kali	50	3,5	20

Im 40%igen und 50%igen Kalisalz liegt das K_2O als Chlorkalium vor. Das ist für Pflanze und Boden weitaus weniger günstig als das oben besprochene Patentkali. Auch das schwefelsaure Kali ist besser, hier ist das K_2O an $MgSO_4$ und SO_4 gebunden.

Phosphorhaltige Mineraldünger

Name	% P_2O_5	Aufwandmenge in g/m²
Superphosphat	18	50

Kalk- und Magnesiumdünger

Name	Inhaltsstoffe
Dolomitischer Brandkalk	Mg + Ca, schwerlöslich
Gemahlener Kalkstein	Mg + Ca, schwerlöslich
Magnesiumsulfat (Bittersalz)	Mg, leichtlöslich

Mehrnährstoffdünger

Name	% N	% P_2O_5	% K_2O	Spuren-elemente	Aufwand-menge g/m²
Kampka	6	12	18	nein	
Bor Nitrophoska rot	13	13	21	ja	
Nitrophoska rot	13	13	21	nein	
Nitrophoska blau extra chloridarm	12	12	17	ja	20–50
Nitrophoska blau spezial chloridfrei	12	12	17	ja	je nach Kulturart
Nitrophoska gelb	15	15	15	nein	bis 120
Nitrophoska violett	10	15	20	nein	
Nitrophoska perfekt chloridfrei	15	5	20	ja	
Rustica blau-Spur	12	12	17	ja	

Gemüsedüngung mit Blau-Volldünger (nach Niller)

Gemüseart	Grunddüngung g/m²	1. Kopfdüngung Termin	1. Kopfdüngung g/m²	2. Kopfdüngung* Termin	2. Kopfdüngung* g/m²
Frühkohl	70 }	3 Wochen nach dem Pflanzen	50	zur Kopfbildung	30
Spätkohl	70 }	3 Wochen nach dem Pflanzen	50	zur Kopfbildung	30
Blumenkohl	70 }	3 Wochen nach dem Pflanzen	50	zur Blumenbildung	30
Kohlrabi	70	nach dem Einwurzeln	20	–	–
Rosenkohl	80	4 Wochen nach dem Pflanzen	40	–	–
Chinakohl	90	–	–	–	–
Grünkohl	60	August	20	September	20
Kopfsalat	50	–	–	–	–
Eissalat	70	4 Wochen nach dem Pflanzen	20	–	–
Römischer Bindesalat	60	zum Bestandsschluß	30	–	–
Feldsalat	–	nach dem Auflaufen	20	–	–
Zichorie »Zuckerhut«	80	–	–	–	–
Radicchio	70	nach dem Verziehen	35	–	–
Chicorée	70	vor Bestandsschluß	35	–	–
Spinat	60	nach dem 1. Schnitt	20	bei Winterspinat im zeitigen Frühjahr	30
Mangold	50	nach der 3. Ernte	30	–	–
Knollenfenchel	50	Mitte August	35	–	–
Möhren	40	wenn Pflanzen 10 cm hoch	45	–	–
Petersilie	60	nach 4 Wochen	20	–	–
Sellerie	50	Ende Juni	50	Anfang August	50
Rettich	60	vor Bestandsschluß	10	–	–
Radies	40	–	–	–	–
Schwarzwurzel	60	Mitte Juni	10	August	20
Rote Rüben	40	vor Bestandsschluß	20	–	–
Meerrettich	40	vor Bestandsschluß	40		–
Speisezwiebel	60	Mitte Juni	40	–	–
Lauch	60	4 Wochen nach dem Pflanzen	50	nach weiteren 4 Wochen	35
Erbsen	50	–	–	–	–
Buschbohnen	60 }	bei Blütebeginn	30	–	–
Stangenbohnen	70 }	bei Blütebeginn	20	nach dem 1. Pflücken	20
Puffbohnen	60	wenn Pflanzen 10 cm hoch	20	–	–
Gurken	40	Ende Juni	30	Ende Juli	20
Tomaten	60	Anfang Juli	30	Ende Juli und Mitte August	30+30
Paprika	80	zum 1. Fruchtansatz	35	Mitte August	35
Zuckermais	50	Juni	40	August	30

*Die zweite Kopfdüngung kann in Form von Kalksalpeter gegeben werden.

chen nach diesem Termin, und wenn bei Starkzehrern eine zweite Kopfdüngung erforderlich wird, verabreicht man sie kurz vor Bestandesschluß. Die Tabelle soll diese Methode verdeutlichen, die organische Düngung wurde darin jedoch ausgespart.

Sie werden sich wundern, daß die Mineraldüngermenge zum größten Teil in Mehrnährstoffdüngern angegeben ist. Doch aus Erfahrung kann ich Ihnen sagen, daß dies die einfachste und praktischste Methode ist, die ein optimales Nährstoffangebot in ausgewogenem Verhältnis garantiert. »Blaue« Volldünger sind am besten. Sie enthalten etwa 12 % Stickstoff und sind praktisch frei von schädlichem Chlor. Einzeldünger wenden Sie im Freizeitgarten bitte nur dann an, wenn eine Untersuchungsanstalt nach einer Bodenanalyse den hervorstechenden Mangel eines einzelnen Nährstoffes feststellt. Dann wird eine Ausgleichsdüngung mit einem Einzeldünger empfohlen. Oft wird eine solche Bodenuntersuchung auch aufdecken, daß die Grunddüngung vor dem Anbau nur aus Kalium und Phosphorsäure zu bestehen braucht, denn durch organische Mulchdecken (Flächenkompost) oder eingearbeitete Ernterückstände bleibt der Stickstoffgehalt des Bodens ohnehin hoch.

Bei den **Spezial- und Langzeitdüngern**, die meist wesentlich teurer sind als die vorstehend beschriebenen Düngerarten, haben wir es mit einer ziemlich neuen Entwicklung zu tun. Bei diesen Düngern liegen die Nährstoffe sowohl in wasserlöslicher Form vor als auch in schwerlöslicher, langsam abbaubarer Form oder als Düngekörnchen, umhüllt mit einem Kunststoffmantel, der sich im Boden nur langsam auflöst. Eine dritte Möglichkeit sind synthetische Ionenaustauscher.

Zur ersten Gruppe mit den langsam abbaubaren Substanzen (das sind vor allen Dingen Harnstoffverbindungen) gehören zum Beispiel Floranid, Triabon und Nitrophoska permanent. Das Düngedepot reicht hier für 2 bis 3 Monate, das gilt aber nur für den Stickstoff.

Zur zweiten Gruppe, den kunststoffumhüllten Düngerkügelchen, gehört zum Beispiel Osmocote. Die Depotwirkung dauert hier 8 bis 9 Monate, und zwar nicht nur für den Stickstoff, sondern auch für das Kalium. Bei Ionenaustauschdüngern, zum Beispiel Lewatit, hält die Wirkung 2 bis 3 Monate lang vor und betrifft alle Nährstoffe.

Mineraldünger mit Langzeitwirkung werden für Kulturen unter Mulchfolie, Flachfolie (Vlies) und zum Teil auch unter Folientunnels angewendet. In Hakaphos liegt der Stickstoff als Harnstoff vor, der etwa einen Monat lang wirksam ist. Für Flüssigdüngung, auch Blattdüngung, eignen sich Alkrisal, Wuxal normal und Wuxal super. Hier stehen dic in Wasser aufgelösten Nährstoffe sofort zur Verfügung. Auch bei Poly-Crescal setzt die Nährstoffwirkung schnell ein, Poly-Fertisal zeigt eine länger anhaltende Wirkung.

Crescal und Mairol sind gut wasserlöslich und können zur flüssigen Düngung, zum Beispiel von Jungpflanzen, verwendet werden, in schwacher Konzentration auch zur Blattdüngung. Zum Schluß des Düngekapitels möchte ich noch einmal darauf hinweisen, daß man auch mit organischen Düngemit-

Spezial-Volldünger

Name	% N	% P_2O_5	% K_2O	Bemerkungen
in fester Form				
Alkril	20	0	16	
Alkrisal	18	6	12	
Hakaphos blau	15	11	15	Spurenelemente
Hakaphos gelb	20	0	16	vorhanden,
Hakaphos grün	20	5	10	Aufwandmenge
Hakaphos rot	8	12	16	etwa 20 bis
Hortal	4	20	32	60 g pro m^2
Mairol	14	12	14	
Poly-Crescal	15	11	15	
Poly Fertisal	8	14	18	
in flüssiger Form				
Complesal	8	8	6	
Gabi plus	12	8	11	
Hornoska flüssig	8	8	6	Anwen-
Kamasol blau	8	8	6	dung
Kamasol grün	10	4	7	nach
Kamasol rot	5	8	10	Vorschrift
Wuxal normal	12	4	6	
Wuxal super	8	8	6	

Depotdünger

Name	% N	% P_2O_5	% K_2O	Bemerkungen
Lewatit	18	7	15	Meist Spurenelemente
Nitrophoska				vorhanden, Aufwand-
permanent	15	9	15	menge etwa
Nutricote	16	10	10	100 g pro m^2
Osmocote	16	10	13	
Plantocote 4 M	16	11	14	
Plantosan 4 D	20	10	15	
Triabon	16	8	12	

Frisch gesetzte Jungpflanzen werden gezielt angegossen, so daß die Wurzeln Kontakt mit der feuchten Erde bekommen.

teln und mit Humus Überdüngungsschäden hervorrufen kann. Ja, auch mit Kompost oder Stallmist. Mit organischen Düngemitteln kommt viel mehr Stickstoff in den Boden, als man denkt, vor allen Dingen kann man die Menge nicht kontrollieren. Das ist besonders schwerwiegend bei nitratspeichernden Arten wie Salat oder Spinat. Auch organische Mulchdecken geben Nährstoffe an den Boden ab, dies alles muß berücksichtigt werden.

Mineralische Düngemittel dagegen sind gezielt einsetzbar, die Pflanzen können die Nährstoffe zum programmierten Zeitpunkt aufnehmen. Bei richtiger Dosierung und Zeitwahl der Düngergabe werden kaum Nährstoffe in das Grundwasser ausgewaschen. Andererseits tragen Mineraldünger nicht zur Bodenverbesserung bei, im Gegenteil, der vorhandene Humus wird sehr schnell abgebaut. Man muß daher mit Überlegung und Behutsamkeit vorgehen und eine kluge Auswahl unter der vielseitigen Palette der Düngungsmöglichkeiten treffen. Nur eine gut abgestimmte Düngung kann sowohl eine optimale Ernährung der Kulturpflanzen als auch ein Vermeiden von Umweltschäden garantieren.

Bewässerung

Jede Pflanze besteht zu etwa 90% aus Wasser. An der Spitze liegen hier die Gurkengewächse mit 95 bis 97% Wassergehalt. Wasser ist ein Baustoff für den Pflanzenkörper, es wird aber auch zum Transport der Nährstoffe, für die Assimilation und für die Erhaltung des Turgordrucks (= Zelleninnendruck, der den Zellinhalt an die Zellwand drückt) gebraucht.

Im Boden ist das Wasser Lösungs- und Transportmittel für die Nährstoffe. Die Pflanzen verdunsten durch ihre Spaltöffnungen ständig die lebensnotwendige Feuchtigkeit, dadurch entsteht ein Sog von unten nach oben, die Wurzeln müssen ständig Wasser nachliefern, damit die Zellen immer prall gefüllt sind. Es entsteht so ein Druck, man sagt, die Zellen sind turgeszent. Ist jedoch die Verdunstung größer als die Nachlieferung durch Wurzeln und Leitgefäße, dann läßt dieser Druck nach und die Pflanzen welken. Besonders auffällig ist dieser Vorgang bei den wasserhaltigen Gurkengewächsen, sie welken manchmal bei großer Hitze und Lufttrockenheit, auch wenn der Boden naß ist. Wir müssen dann sprühen und die Luftfeuchtigkeit damit heraufsetzen. Aber bitte nicht zu oft sprühen, die

Sporen der für die Pflanzen schädlichen Pilze keimen besonders gern im feuchten Milieu, also auf nassen Blättern.

Bei mitteleuropäischen Freilandpflanzen hat man einen Turgordruck von 3 bis 5 Atmosphären gemessen, der gleiche Druck also, wie er in den meisten Wasserleitungen vorhanden ist. Dieser Turgordruck ist eine Folge des osmotischen Wertes im Zellsaft. Sie wissen aus Ihrer Schulzeit, daß Lösungen verschiedener Konzentration das Bestreben haben, ihre Konzentrationsstärke auszugleichen. Niedrigere Konzentrationen werden von höheren aufgesogen und das Ganze pendelt sich bei einem mittleren Niveau ein.

Der Zellsaft der Pflanzen ist im Normalfall immer höher konzentriert als die im Boden zirkulierende Lösung. Diese diffundiert (dringt) also durch die Zellwände der Wurzelhaare in die Zellen hinein. Ist aber aus irgendwelchen Gründen (Streusalz, Überdüngung, Salzausscheidungen am Meeresstrand) das Bodenwasser stärker konzentriert als der Zellsaft, dreht sich der Vorgang um, der Pflanze wird Wasser entzogen, man nennt dies Exosmose. Die Wurzelspitzen, die Blattränder werden braun und beginnen abzusterben. Die Wurzeln sind nicht mehr in der Lage, Wasser nachzuliefern, die Blätter werden welk, dann braun. Gemüsepflanzen, Einjahrsblumen und Stauden sterben gleich ab. Bei Gehölzen dauert der Vorgang etwas länger, denken Sie nur an die durch Streusalz geschädigten Straßenbäume. Nur wenige, speziell angepaßte Gewächse, etwa die Meeresstrandpflanzen mit ihrem extrem hochkonzentrierten Zellsaft sind imstande, eine hohe Konzentration der Bodenlösung zu ertragen und zu nutzen. Interessant ist vielleicht zu erfahren, daß man entlang der bayerischen Autobahnen solche salzverträglichen Pflanzen gefunden hat. Wo kamen die her? Es ist eine Anpassungsreaktion der Natur an das Streusalz.

Doch zurück zu unseren Gärten. Sie werden jetzt verstehen, daß man bei flüssigen Düngergaben nie mehr als etwa 3 g Salz pro Liter Wasser verwenden darf und auch bei staubförmigen oder granulierten Mineraldüngern soll die Einzelmenge höchstens 100 g pro m^2 betragen. Wieder muß gesagt sein: Halten Sie sich strikt an die empfohlenen Düngermengen. Sie sehen, wie empfindlich der Boden, die Pflanzen und die ganze Natur auf nicht sachgemäße Düngung reagieren.

Wenn Sie Ihre Pflanzen wässern wollen, dann überprüfen Sie vorher den Feuchtigkeitsgehalt der Erde im Hauptwurzelbereich, also in etwa 10 bis 20 cm Tiefe. Vom manchmal dringend erforderlichen Sprühen abgesehen, sollten Sie es unterlassen, schwach mit dem Schlauch auf den Gemüsebeeten herumzugießen und dabei nur die Blätter und die oberen zwei bis drei Zentimeter des Bodens naß zu machen. Das bringt gar nichts, sondern es schadet, weil die Pilzkrankheiten so überdurchschnittlich gute Lebensbedingungen vorfinden. Außerdem werden die Pflanzen durch den permanenten Wassermangel geschwächt, Vitalität und Widerstandsfähigkeit sind herabgesetzt. Wässern Sie deshalb weniger oft, dafür aber durchdringend und so, daß die Blätter trocken bleiben. Zwanzig Liter Wasser,

Schläuche für Tröpfchenbewässerung leisten gerade auf den austrocknungsgefährdeten Hügelbeeten gute Dienste. So kommt das Wasser direkt an die Kulturen.

also zwei Gießkannen à zehn Liter pro Quadratmeter Boden sind die richtige Menge.

Auch der Zeitpunkt der Wassergaben ist wichtig. Im Frühling und im Herbst, wenn die Sonneneinstrahlung nicht so stark ist, gießt man am besten morgens, damit bis zum Abend die naßgewordenen Blätter abgetrocknet sind und sich nachts nicht Fäulnis und Pilzkrankheiten ausbreiten können. Im Sommer jedoch, wenn die Sonne jeden Tag sechzehn Stunden oder länger heiß vom Himmel strahlt, gießt man abends, damit die Pflanzen sich ungestört in den kühleren Nachtstunden vollsaugen können.

Pflanzarbeiten sollte man möglichst bei trübem Wetter durchführen, der Schock wirkt sich auf die Setzlinge da nicht so stark aus. Nach dem Pflanzen muß jeder Setzling mit einem konzentrierten Wasserstrahl gründlich angegossen werden. Das dient nicht nur der guten Wasserversorgung, denn in diesem Zustand sind die Pflanzen besonders empfindlich. Das kräftige Angießen führt auch zur innigen Verbindung von Boden und Wurzeln, dem sogenannten »Bodenschluß«.

Anbautechnik

Aussaat und Pflanzung

Wir unterscheiden im Gartenbau und besonders im Gemüsebau die Aussaat an Ort und Stelle und die Pflanzung vorkultivierter Setzlinge. Im intensiv genutzten Freizeitgarten, wo man mit Einsatz aller Möglichkeiten zwei bis drei Ernten von den Beeten holen will, muß das Verfahren der Jungpflanzenanzucht möglichst oft eingesetzt werden. Alle Gemüsearten, selbst die Wurzelgemüse mit einer Pfahlwurzel, lassen sich in Töpfen anziehen und so problemfrei verpflanzen. Durch die Vorkultur verkürzt sich die Wachstumszeit auf den Beeten erheblich.

Die Jungpflanzenanzucht ist arbeits- und kostenintensiv. Schon im Januar–Februar beginnt man damit und meist reicht der Platz auf dem Fensterbrett dafür nicht aus, man baut daher Frühbeete oder Kleingewächshäuser. Die Industrie bietet zudem eine Fülle von Anzuchthilfen an, zum Beispiel Balkongewächshäuser, Zimmergewächshäuser und so fort. Zum Teil sind diese Kulturhilfen raffiniert ausgestattet mit Heizung, automatischer Lüftung und Spezialbeleuchtung. Es liegt ganz bei Ihnen und Ihrem Geldbeutel, wie weit Sie hier investieren wollen und können. Denken Sie aber auch daran, daß die Erwerbsgärtner auf den Märkten während der ganzen Vegetationszeit Jungpflanzen fast aller gängigen Arten anbieten, meist auch in guter Qualität. Wenn Sie nicht gerade ausgefallene Gemüsearten anbauen wollen, ist es vielleicht für Sie günstiger, die Jungpflanzen zuzukaufen. Viel Arbeit und mancher Mißerfolg bleibt Ihnen dann erspart. Andererseits ist für manche Pflanzenliebhaber gerade die Vorkultur das Faszinierende an der Gärtnerei. Das Erwachen des Lebens zu beobachten und die jungen Setzlinge in den Sommer hineinzuführen, erscheint immer reizvoll.

Saatgutformen

Man sollte nur hochwertiges Saatgut mit Keimgarantie kaufen und nur soviel, wie wirklich gebraucht wird. Der Winter ist lange genug, um einen Anbauplan anzufertigen, in dem auch der Bedarf an Saatgut und Jungpflanzen genau festgelegt wird. Deshalb langweile ich Sie auch nicht mit Listen über Keimfähigkeitsdauer (die sowieso kaum jemand liest) und mit Anweisungen über das Ansetzen von Keimproben. Wenn jedes Jahr hochwertiges Saatgut neu gekauft wird, sind solche Maßnahmen überflüssig. (Das Saatgut einiger Gemüsearten, zum Beispiel der Kohlarten, behält über mehrere Jahre hinweg seine Keimfähigkeit. Diese Eigenschaft ist auf den Packungen von Qualitätssaatgut vermerkt.)

Neben »normalen« Samen, den man ungebeizt, aber auch zum Teil schon fertig vorbehandelt und damit widerstandsfähig gegen Auflaufkrankheiten erhalten kann, gibt es kalibriertes Saatgut, bei dem die einzelnen Samenkörner von gleicher Größe und von ausgezeichneter Qualität sind. Die Samen von Runkelrübe, Roter Rübe und Mangold reifen in »Knäueln« heran. Sät man diese aus, stehen immer mehrere Keimpflanzen dicht nebeneinander, und es muß mühsam von Hand ausgedünnt werden. Beim sogenannten Mo-

10.60

Links oben: Verschiedene Möglichkeiten bieten sich für die Aussaat an. Von links: Särolle, Saatband, Aussaat per Hand.

Links unten: Jungpflanzenanzucht in mit Komposterde gefüllten Kisten.

Die Vorkultur im Gewächshaus verkürzt die Kulturzeit auf dem Beet.

nogermsaatgut sind die Knäuel zerschlagen und es wächst pro Saatstelle nur eine Pflanze. Außerdem gibt es von vielen Gemüsearten Pillensaatgut, bei dem qualitativ hochwertige Samen mit einer Ton-Torfmischung umhüllt werden, so daß es gleich große Kügelchen gibt. Das alles sind Sonderformen, die das Säen einfacher und problemloser machen, für die man aber auch bezahlen muß. Von manchen Gemüsearten gibt es Saatbänder, man legt sie in 1 cm Tiefe aus und überdeckt sie mit Erde. Saatbänder sind noch kostspieliger als präpariertes Saatgut.

Aussaat

Die beste Saattiefe liegt bei 2 bis 3 cm, die jungen Keimlinge benötigen gleichmäßige Feuchtigkeit und ausreichende Luftzufuhr. Breitsaat wird man nur noch selten anwenden, so zum Beispiel, wenn man ein Stück Land mit Kresse bestellen will. Allgemein hat sich die Reihensaat durchgesetzt, mit deren Hilfe sich ja auch die Mischkultur gut durchführen läßt.

Mit Hilfe eines verstellbaren Reihenziehers oder Markierers werden die Linien gezogen. Es ist auf dem lockeren, vorbereiteten Boden leicht möglich, die Saattiefe richtig einzustellen. Die Saatdichte hängt von der Gemüseart ab und hat für die künftigen Pflanzen ausschlaggebende Bedeutung. Lesen Sie daher in einer guten Gemüsebauschrift nach, ehe Sie sich ans Werk machen. Auch im vorliegenden Buch finden Sie exakte Angaben. Es gilt hier niemals die Devise »viel hilft viel«. Nach dem Ausbringen der Samenkörner drückt man mit der Rückseite des Rechens (= der Harke) die Saat an, damit die kapillare Wasserversorgung sichergestellt wird. Dann recht man vorsichtig 2 bis 3 cm Deckerde darüber und das Saatbeet ist fertig. Haben Sie im Anschluß an die Saatarbeiten das Beet angegossen, dann müssen Sie diesen Vorgang ständig wiederholen, sobald der Boden beginnt, trocken zu werden. Erhält gequollenes Saatgut nämlich keine ständige Feuchtigkeitszufuhr, trocknet es ein und stirbt ab. Aus diesem Grund drückt man vielfach die Deckerde an. Doch oft bestehen dagegen Bedenken, weil Wasserverluste auftreten und die jungen Keimlinge, behindert durch die verfestigte Bodenschicht, nicht so leicht durchstoßen können.

Sämtliche Gemüsesämereien sollten gebeizt sein. Pilzsporen sind überall vorhanden und junge Keimlinge erweisen sich als empfindlich. Besonders groß ist die Gefahr bei Kulturen mit lan ger Keimdauer und bei niedrigen Temperaturen während der Keimung, zum Beispiel bei frühen Möhren oder bei Petersilie. Wir behandeln daher den Samen – sofern er nicht schon gebeizt gekauft wurde – mit einem Fungizid, einem Pilzbekämpfungsmittel. Zu unserer kleinen Samenportion geben wir eine Messerspitze eines solchen Mittels und kippen Samen und Mittel in ein trockenes, dicht verschließbares Schraubglas und schütteln es kurz durch.

Jungpflanzenanzucht

Die Jungpflanzenvorkultur führt man in Schalen, Kistchen oder in den Grund-

Links: Frühporree wächst in Aussaatschalen heran.

Unten: So wird richtig pikiert. Das Pikierholz ist dabei ein unerläßliches Hilfsmittel.

beeten von Treibeinrichtungen (Gewächshäuser, Frühbeete) durch. Als Erde ist gute, abgelagerte und gesiebte Komposterde verwendbar oder auch ein käufliches Anzuchtsubstrat, zum Beispiel TKS 1, später TKS 2 (=Torf-Kultursubstrat), Frux-Aussaaterde, Plantahum. Alle Aussaatgefäße müssen sauber oder sogar desinfiziert sein, neue Tongefäße mit Wasser vollgesogen. Man sät dünn aus, drückt mit einem Brettchen an und übersiebt leicht mit Erde. Sämtliche Aussaaten müssen – wie gesagt – ständig feucht gehalten werden. Sobald sich nach den Keimblättern die ersten Laubblätter entwickeln, pikiert man die Sämlinge, das heißt man setzt

Gefäße für die Jungpflanzenanzucht. Oben links: Tontöpfe. Oben rechts: Kunststofftöpfe und Multitopfplatten. Mitte links: Torftöpfe in verschiedenen Größen. Unten rechts: Jiffy-pots, die bei zunehmender Feuchtigkeit aufquellen.

sie 2 × 2 cm weit auseinander. Am günstigsten und arbeitssparendsten sät man zwei bis drei Samen direkt in Ton-, Kunststoff- oder Jiffy-Torfquelltöpfe, letztere können mitgepflanzt werden. Auch Multitopfplatten bieten sich an. Es entstehen auf diese Art und Weise gute Wurzelballen, die beim Verpflanzen nicht gestört zu werden brauchen. Die Setzlinge erleiden so keinen Schock.

Statt Kunststofftöpfen lassen sich auch alte Joghurtbecher verwenden, in deren Boden man ein Loch gebohrt hat. Legt man mehrere Samen in einen Topf, wird man es wieder mit mehreren Keimlingen zu tun bekommen. Nur den kräftigsten läßt man stehen. Bei Busch- und Stangenbohnen können bereits die »Stufen« der Stufensaat, also bei ersteren 3 bis 5 Samen im 10-cm-Topf, bei Stangen- und Feuerbohnen 6 bis 8 Samen im 12-cm-Topf vorkultiviert werden.

Sämtliche Wurzelgemüse wie Möhren, Wurzelpetersilie, Rote Rüben und auch Schwarzwurzeln lassen sich in Multitopfplatten vorziehen und dann auspflanzen. Die Kulturzeit auf dem Beet verkürzt sich dadurch erheblich.

In jedes Kulturgefäß und an den Anfang der Topfreihen gehört ein Etikett. Darauf wird mit wetterfestem Stift das Aussaatdatum vermerkt und die Angaben der Samentüte über Art und Sorte übertragen.

Gemüse-Jungpflanzen brauchen zu ihrer Entwicklung ausreichend Licht, an einem Fensterbrett wird es vielleicht erforderlich sein, eine Leuchtstoffröhre zu installieren. Die richtige Anzuchttemperatur beträgt 18 bis 22 °C bei Tag und 15 bis 18 °C bei Nacht. Vor dem Auspflanzen muß man die Setzlinge abhärten, das heißt, sie der Freilandtemperatur aussetzen. Zuerst mit Unterbrechungen, später für längere Zeit. Besonders nährstoffbedürftige Gemüsearten,

Beim Setzen muß die Spitze des Wurzelkörpers gerade in den Boden kommen. Die Pflanze darf nicht umgebogen werden. Außerdem wird der gesamte Wurzelbereich gleichmäßig und fest angedrückt.

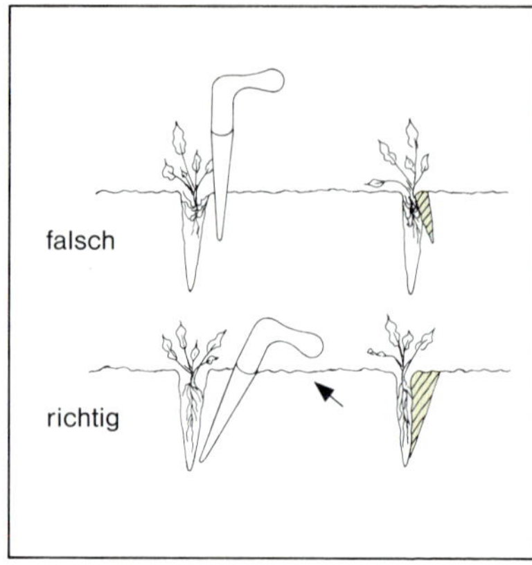

also »Starkzehrer« (besonders die Kohlarten), erhalten vor dem Auspflanzen eine sogenannte »Startdüngung«. Man verabreicht den vorher reichlich gewässerten Setzlingen eine flüssige Volldüngermenge (siehe Kapitel Düngung), die Konzentration beträgt 4 Promille. Dann kann gepflanzt werden.

Man sieht, die Jungpflanzenanzucht ist arbeits- und kostenaufwendig. In vielen Fällen wird es daher günstiger sein, sich die Jungpflanzen aus dem reichlich vorhandenen Angebot der Berufsgärtner auszuwählen. Zugekaufte Setzlinge müssen kräftig, gedrungen und dunkelgrün sein. Sie sollen einen frischen Eindruck machen, reichlich Wurzelwerk ist wichtig, am besten sind Pflanzen mit Topfballen. Keinesfalls dürfen die Setzlinge lang, dünn, hellgrün und leicht welkend aussehen. Der Stengelgrund sollte keinen schwärzlichen Anflug zeigen, das ist nämlich der Beginn jeder Keimlingskrankheit.

Das Pflanzen

Jede Gemüseart hat ihre spezifische Größe, sie braucht daher den für sie richtigen Standraum. Es ist besonders bei Mischkulturen sehr wichtig, die Abstände richtig zu wählen, damit jeder Gemüseart der ihr gemäße Lebensraum zukommt. Aber man ist in Freizeitgärtnerkreisen vielfach dazu geneigt, die Standräume eher zu eng zu wählen als zu weit. Stehen aber zu viele Pflanzen auf einer Fläche, bewirkt der starke Konkurrenzdruck kleine Einzelexemplare. Und das wollen wir ja nicht.

Ich darf voraussetzen, daß die Setzmethode mit Pflanzholz und Handspaten bekannt ist. Beim Reihenziehen verwendet man den Markierer. Nach dem Pflanzen wird angegossen, es ist im Kapitel »Bewässerung« darüber zu lesen.

Pflege

Die Pflege im Sommer beschränkt sich im herkömmlichen Gartenbau auf die Erhaltung der Bodengare und die Vernichtung des Unkrauts. Ausgeizen und Anbinden von Stabtomaten, Schneiden von Treibgurken und ähnliches fallen noch zusätzlich an. Die zu verabreichenden Wassergaben und Kopfdüngungen wurden schon in den vorangegangenen Kapiteln ausführlich behandelt.

Pflanzenschutz

Von vornherein sei folgendes gesagt: Vorbeugen ist auch hier besser als heilen. Gut ernährte, kräftige Pflanzen, die in einer geregelten Fruchtfolge oder in Mischkultur wachsen, deren Boden gut mit Humus versorgt ist, die im richtigen Standraum stehen und ausreichend bewässert werden, sind weit weniger anfällig als schlecht gepflegte Exemplare. Und haben sich einmal Schädlinge,

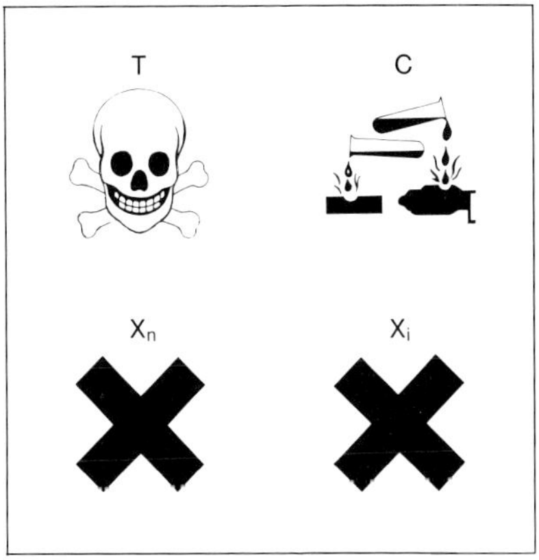

Symbole für Pflanzenschutzmittel. Totenkopf und Kennbuchstabe T stehen für »giftig«, C und tropfende Flüssigkeit für »ätzend«, X_n und Kreuz für »gesundheitsschädlich«, X_i und Kreuz für »reizend«.

zum Beispiel Gemüsefliegen oder eine pilzliche Seuche wie beispielsweise Salatfäule oder Rettichschwärze eingenistet, dann sollte man sich überlegen, ob es nicht besser wäre, die Kultur in die Mülltonne (nicht auf den Kompost!) zu befördern und einige Jahre den Anbau dieser Pflanzenart auf der gefährdeten Fläche zu unterlassen. Dies ist weniger kostspielig und ungefährlicher für Mensch (Kinder!) und Haustier als das Hantieren mit giftigen Spritzmitteln. Achten Sie bitte auch darauf, daß die meisten Gemüsepflanzen (ausgenommen vielleicht Gurken und Melonen) es gar nicht so sehr lieben, wenn ihr Standort allzu windgeschützt ist. Das fördert nur die Entwicklung von Krankheiten und auch Schädlingen.

Was aber tun, wenn ein Befall aufgetreten ist und Sie die Kultur nicht verlieren wollen? Zuerst einmal muß die Art der Erkrankung einwandfrei diagnostiziert werden, ein Fachbuch hilft dabei (siehe Anhang). Hier die Schadbilder zu erklären, würde zu weit führen. Erweist sich die Bestimmung als zu schwierig, so können Sie Proben der befallenen Gewächse an das nächste Pflanzenschutzamt einsenden, dort gibt man auch entsprechende Bekämpfungsvorschläge. Die Adresse des nächsten Pflanzenschutzamtes erfährt man beim Kreisfachberater im Landratsamt, im Stadtgartenamt oder beim Gartenbauverein.

Chemische Pflanzenschutzmittel, wie sie der Berufsgärtner vielfach anwendet, sind in Verruf geraten, weil ihnen Giftwirkungen auf Menschen und Tiere nachgesagt werden, meist nicht zu Unrecht. Sämtliche Pflanzenschutzmittel müssen aber von der Biologischen Bundesanstalt in Braunschweig geprüft und anerkannt sein. Die Packungen sind mit Symbolen gekennzeichnet (siehe Abbildung).

Finden Sie keines dieser Zeichen auf der Packung des von Ihnen gewählten Mittels, müssen Sie trotzdem vorsichtig vorgehen. Vor allen Dingen ist die Gebrauchsanweisung genau durchzulesen und bei Gemüse und Obst muß man die vorgeschriebene Wartezeit (Karenzzeit) zwischen Behandlung und Ernte exakt einhalten. Auch die angegebene Konzentration der Spritzlösung muß beachtet werden und schließlich darf man die Menge der Spritzflüssigkeit, das sind 600 cm^3 auf 10 m^2 Fläche, nie überschreiten.

Für chemische Pflanzenschutzmittel müssen eigene Gefäße zum Ansetzen der Spritzbrühe vorhanden sein, die zusammen mit der Spritze und den diversen Mitteln in einem verschließbaren Schrank, dem »Giftschrank«, aufbewahrt werden. Schädlingsbekämpfungsmittel bitte nur in Originalpakkungen aufheben, Reste in Bierflaschen haben schon zu Tragödien geführt. Ist die Behandlung der Pflanzen beendet, reinigen wir die Geräte sorgfältig, leere Packungen und nicht mehr gebrauchte

Reste der Mittel sind Giftmüll und müssen zu den dafür vorgesehenen Sammelstellen gebracht werden. Gießen Sie also *niemals* übriggebliebene Spritzflüssigkeit in die Kanalisation, wenn Sie keinen Umweltschaden hervorrufen möchten.

Vorsichtige Leute tragen bei der Pflanzenbehandlung mit chemischen Mitteln eine Atemmaske, die Industrie bietet dafür spezielle Overalls an, die leicht zu reinigen sind. Kinder und Tiere haben während dieser gefährlichen Arbeit nichts in Ihrer Nähe zu suchen. Spritzen oder stäuben Sie niemals gegen den Wind, er treibt Ihnen Brühe oder Staub direkt ins Gesicht. Auch bei zu großer Hitze sollte man nicht spritzen, denn durch die schnelle Verdunstung der feinen Tröpfchen erhöht sich die Konzentration der Brühe zu stark und schädigt die Pflanzen.

Die **mechanischen Bekämpfungsmethoden** sind Ihnen wohl gut bekannt wie das Einsammeln von Schnecken oder das Fangen dieser Schädlinge mittels im Boden eingegrabener Gefäße. Diese müssen bodeneben abschließen und sind mit Zuckerwasser oder Malzbier gefüllt. Vielleicht haben Sie Glück und eine Igelfamilie siedelt sich in Ihrem Garten an, sie wird die Schneckenbekämpfung mit Freude übernehmen. Voraussetzung dafür ist allerdings, daß Ihr Garten nicht wie ein Wohnzimmer aufgeräumt ist, sondern daß es genügend Verstecke unter dürrem Laub, unter dichten Sträuchern und im nicht zu exakt getrimmten Komposthaufen gibt. Im Komposthaufen überwintern die Igel gern und es kann daher nützlich sein, den Kompost nicht so oft umzusetzen. Flachfolien und Sonnenhüte aus Hartplastik wehren Schnecken und Vögel ab, Schadinsekten haben keinen Zutritt. Zum Beispiel fand man in Versuchen unter Flachfolien und Vlies kaum Gemüsefliegen.

Doch wie zu Beginn dieses Kapitels gesagt, ist Mischkultur an sich schon vorbeugender Pflanzenschutz. Die Wirtspflanzen sind sehr schnell »verbraucht« und damit engt sich die Population der schadenerregenden Insekten oder Pilze von selbst wieder ein. Man spricht hier von den Regulationskräften der Natur. Und warum sollen wir sie nicht auch unserem Garten zugute kommen lassen?

Und schließlich gibt es noch die **biologischen Pflanzenschutzmittel**, die auf Wirkstoffen aufbauen, die auch in der Natur vorkommen. Wir haben hier beispielsweise Spruzit im Einsatz gegen Schadinsekten mit dem Wirkstoff Pyrethrum, gewonnen aus dem Korbblütler *Chrysanthemum parthenium*. Bio-Myctan Pflanzenspray, ein Pyrethrum-Spray mit natürlichem Treibgas, wirkt gegen Schadinsekten, Spinnmilben und Mehltau. Oder es gibt Bio-Gemüse-Streumittel, das die Widerstandsfähigkeit von Möhren, Radies, Kohl und Zwiebeln stärken soll. Heute bietet fast jedes Fachgeschäft eine Vielzahl von Mitteln an. Lassen Sie sich dort beraten.

Pflanzenjauchen, -tees und -brühen können ebenfalls in der Schädlingsbekämpfung eingesetzt werden. Die zu ihrer Herstellung genutzten Gefäße dürfen kein Metall enthalten, sie sollen also aus Holz, Steingut oder Plastik bestehen. Für Brühen, die gekocht werden, benützt man einen Emailletopf. Diese

Pflanzenjauchen aus vergorenen Zwiebeln hemmen die Ausbreitung verschiedener Pilzkrankheiten.

Art der Pflanzenbehandlung entstammt den weltanschaulichen Ideen aus dem Kreis um Rudolf Steiner. Es handelt sich um rein biologische Mittel. Bisher konnten in exakten wissenschaftlichen Versuchen keine und nur sehr geringe Wirkungen festgestellt werden. Doch die Erfahrungswerte sprechen in einigen Fällen für die Wirksamkeit solcher Mittel und vielleicht gereichen sie Ihrem Garten zum Segen.

Man sammelt die zur Herstellung benötigten Pflanzen vor der Blüte, denn zu diesem Zeitpunkt sind die Inhaltsstoffe im Pflanzenkörper stark angereichert. Eichen-und Birkenblätter sammelt man im Herbst. Achten sie darauf, daß dieses Pflanzenmaterial nicht in umweltgeschädigten Gebieten gewachsen ist, also zum Beispiel entlang von Straßen, in der Nähe von Industrieanlagen oder am Rand größerer Städte. Hat man das Grundmaterial beisammen, gibt man die vorgeschriebene Menge in das vorgesehene Gefäß und übergießt das Material mit der im Rezept angegebenen Menge Wasser. Ein- bis zweimal täglich muß gründlich umgerührt werden. Gegen die starke Geruchsentwicklung deckt man die Gefäße ab, auf diese Art und Weise können sich in der Flüssigkeit auch keine Kleintiere entwickeln und Schaden anrichten. Jauchen sind nach zwei bis drei Wochen fertig. Für Brühen legt man die Pflanzen für 24 Stunden ins Wasser und kocht sie anschließend eine halbe Stunde lang. Für Tees läßt man die Pflanzen in heißem Wasser ziehen. Beißende Brennesselbrühe wird aus zwei Tage lang gegorenen Pflanzenteilen hergestellt, nach dem Gären kocht man sie auf.

Jauche bringt man in zehnfacher Verdünnung auf feuchte Erde, die Pflanzen dürfen damit nicht benetzt werden. Abgekühlte Brühe und Tee werden auf die Pflanzen gespritzt. Beißende Brennesselbrühe kann gespritzt oder gegossen

Das Vlies schützt die Pflanzen vor Gemüsefliegen. Es kann bis Erntebeginn auf der Kultur bleiben und läßt Regen sowie das Gießwasser hindurch.

»Tomatenhauben« schützen wärmebedürftige Kulturen, in diesem Fall wachsen darunter Paprika.

werden. Wir unterscheiden drei Gruppen von Pflanzenschutz- und -pflegemitteln. Die angegebenen Mengen in den folgenden Rezepten beziehen sich immer auf frische Pflanzenteile.

1. Krankheitshemmende Pflanzen: Ackerschachtelhalm *(Equisetum arvense)* = 1 kg auf 10 Liter Wasser. Birkenblätter *(Betula pendula)* = 1 kg auf 10 Liter Wasser. Wurmfarn *(Dryopteris filix-mas)* und Adlerfarn *(Pteridium aquilinim)* = 5 kg auf 10 Liter Wasser. Zwiebeln *(Allium cepa)* und Knoblauch *(Allium sativum)* = 250 g Zwiebeln und 250 g Knoblauch auf 10 Liter Wasser.

2. Schädlingsbekämpfende Pflanzen: Eichenblätter *(Quercus robur)* = 1 kg auf 10 Liter Wasser. Rhabarberblätter *(Rheum rhabarberum)* = 3 kg auf 10 Liter Wasser. Rainfarn *(Chrysanthemum vulgare)* = 3 kg auf 10 Liter Wasser. Holunderblätter *(Sambucus nigra)* = 5 kg auf 10 Liter Wasser. Liebstöckel *(Levisticum officinale)* = 1 kg auf 10 Liter Wasser. Wermut *(Artemisia absinthium)* = 1 kg auf 10 Liter Wasser.

3. Wachstumsfördernde Pflanzen: Brennessel *(Urtica dioica)* = 1 kg auf 10 Liter Wasser, Beinwell oder Komfrey *(Symphytum officinale)* = 1 kg auf 10 Liter Wasser, Fenchel *(Foeniculum vulgare)*, hiervon verwendet man Blüten wie auch Samen = 1 kg auf 10 Liter Wasser. Kamille *(Chamomilla recutita)* wird wie Kamillentee für Menschen zubereitet. Löwenzahn *(Taraxacum officinale)* = 2 kg auf 10 Liter Wasser.

Frostschutz

Zu den Pflegemaßnahmen gehört auch der Frostschutz. Die Industrie hat mit der Herstellung von Folien Möglichkeiten geschaffen, daß wir mit wenig Geld und Aufwand die Ernte in den ersten Monaten der Vegetationszeit verfrühen und sie bis weit in den Herbst hinein verlängern können. Ich spreche von Flachfolien (von den Mulchfolien war schon die Rede), von Folientunnels und von Pflanzenhauben.

Flachfolien, die nach der Bestellung flach und locker über die Kulturen gelegt werden, sind aus einer 0,05 mm starken Polyethylen-(PE)-Folie gefertigt. Es gibt sie entweder porenfrei, gelocht oder geschlitzt (als sogenannte mitwachsende Folie) zu kaufen. Erstere muß man nach dem Auflaufen der Saat oder nach dem Anwachsen der Setzlinge abnehmen, die beiden anderen können länger auf den Pflanzen bleiben, die Schlitzfolie oft bis zu Ende der Kultur-

zeit. Das Vlies, ein Kunststoff-Faservlies (zum Beispiel Agryl P 17), kann ebenfalls bis fast zum Erntebeginn über den Kulturen bleiben.

Folientunnels gibt es gelocht und ungelocht, die PE-Folie ist hier 0,1 bis 0,2 mm stark. Man kann die Tunnels als fertige Bausätze kaufen oder auch als Bahnen zum Selbstbau.

Mit Hilfe von Flachfolien, Folientunnels und Vliesen ist es möglich, fast alle Gemüsearten zu ziehen. Bis – 5 °C Außentemperatur bleiben die so geschätzten Kulturen am Leben.

Pflanzenhauben, meist nach der am häufigsten damit geschützten Kultur Tomatenhauben genannt, sind auch aus 0,1 bis 0,2 mm starker PE-Folie, oft sind sie geschlitzt, also aus mitwachsender Folie hergestellt. Diese Hauben dienen zum Frostschutz im Frühling (vor Mitte Mai) und im Herbst (ab Anfang September). Im Sommer benutzt man sie nur bei langen Regenperioden.

Die Düngung der Kulturen unter Flachfolien, Vlies und Tunnels muß immer mit langanhaltenden Düngemitteln erfolgen, siehe Tabelle Seite 37.

Ernte und Aufbewahrung

Frischgemüse erntet man am frühen Morgen, wenn es taufrisch und knackig ist. Dauergemüse bleibt so lange wie möglich auf den Beeten, etwa bis Anfang November. Dieses Dauergemüse darf nicht angefault oder naß und auch nicht gewaschen in den Lagerraum oder in die Miete kommen. Die Qualität muß einwandfrei sein. Das Gemüse darf keine Verletzungen oder Schädlingsbefall aufweisen. Viele Gemüsearten lassen sich im Tiefkühlgerät oder durch die verschiedensten anderen Konservierungsarten (Dampf, Einsäuern) haltbar machen. Informieren Sie sich in der Fachliteratur, siehe Seite 122.

Die wichtigsten Gemüsekulturen

Gurkengewächse

In Mitteleuropa werden vor allen Dingen Gurken, Wasser- und Zuckermelonen und die verschiedensten Garten- und Riesenkürbisse angebaut. Gemeinsam ist allen Arten die Frostempfindlichkeit, geringe Widerstandsfähigkeit gegen Kälte (noch vor dem Frost), der Anspruch an einen gut durchlüfteten, humusreichen Boden, der den hohen Nährstoffbedarf der Pflanzen deckt, ohne sie durch zu hohe Salzkonzentrationen zu schädigen. Austrocknende Ostwinde wirken sich negativ aus. In Mischkultur wachsende Gurkengewächse brauchen vor allen Dingen höher wachsende Partner, die sie vor Kaltluft und Wind schützen. Auf Beeten können die Ränder mit kurzlebigen Arten wie Salat, Kohlrabi, Rettich genutzt werden, ehe die Gurkenpflanzen den ganzen Platz benötigen. Hügel- und Hochbeete sind für die Gurkengewächse ideal, da sie den so sehr gebrauchten »warmen Fuß« liefern.

Gurken *(Cucumis sativus)*

Gurken bestehen zu 97% aus Wasser, sie sind die wasserreichste Gemüseart. Die restlichen 3% teilen sich auf in Kohlehydrate, Eiweiß und auch Fett und einen sehr kleinen Anteil an Mineralstoffen. Vitamine sind nur wenige vorhanden.

Der typische Geruch und Geschmack kommt vom Veilchen- oder Gurkenalkohol (Nonadienol), außerdem ist Acetylcholin enthalten, was bewirkt, daß Gurkenscheiben ein beliebtes Kosmetikum sind.

Gurkenblüten sind einhäusig, es gibt also männliche und weibliche Blüten an einer Pflanze. Manche Sorten, besonders von Gewächshausgurken, sind jungfernfrüchtig, das heißt sie bilden ohne Bestäubung Früchte, die aber keine Samen enthalten.

Für die Gurkenkultur im Freiland, im Gewächshaus und im Frühbeet wurden jeweils Spezialsorten gezüchtet. Freilandgurkensorten gibt es mit verschiedenen Fruchtgrößen. Die meisten heutigen Sorten sind resistent gegen Gurkenkrätze und Blattbrand, manche zeigen auch gegen Viren Immunität.

Geeignete Freilandsorten sind bei Einlegegurken (Frucht bis 12 cm lang) 'Sperling's Mervita', 'Hokus', 'Nimbus'; Senfgurken (Frucht bis 40 cm lang): 'Moneta', 'Carnimus'.

Sorten von Gewächshausgurken sind 'Sandra', 'Corena', 'Farona'.

In das Freiland setzt man Gurken wegen ihres großen Wärmebedarfs erst nach Mitte Mai. Sie wachsen gut auf schwarzer Mulchfolie, unter Flachfolie und Folientunnels. Der warme Fuß von Hügel- und Hochbeeten, kombiniert mit Folienschutz, ermöglicht die Vorverlegung des Anbautermins um 2 bis 3 Wochen (je nach Klima). Die Temperaturen in der unmittelbaren Umgebung der Pflanzen sollten nicht unter 15°C absinken, sonst ist keine lohnende Gurkenkultur möglich. Hausgurken wachsen im warmen Gewächshaus (25°C bis 30°C) rund um das Jahr, wenn man den Energieaufwand nicht scheut.

Am günstigsten ist es, sich fertig vorkultivierte Jungpflanzen vom Fachmann zu holen. Achten Sie auf die Qualität der Setzlinge, sie sollten etwa 20 bis

Die anspruchsvollen Gurken verlangen nach viel Wärme und reichlichen Nährstoffgaben. Im Gewächshaus sind sie vor kalten Winden und tiefen Temperaturen geschützt.

25 cm lang sein und vier bis sechs Laubblätter aufweisen. Jungpflanzen von Freilandgurken müssen kurz und gedrungen aussehen.

Der Pflanzabstand beträgt etwa 1,5 × 1 Meter, sowohl im Freiland als im Gewächshaus. Manche Freilandgurken lassen sich an Maschendraht aufleiten, der mittels Pfählen und Spanndraht als senkrechte Wand hochgeleitet wird. Dadurch verringert sich der Platzbedarf auf den kostbaren Hügel- und Hochbeeten. Gewächshausgurken werden mittels Schnüren hochgezogen, die nicht zu fest um den Stengelgrund der Pflanze geschlungen und oben an einem Haltedraht festgemacht sind.

Freilandgurken werden nicht geschnitten, bei den Hausgurken wird jeder Seitentrieb nach dem ersten Fruchtansatz gekappt. Stammfrüchte entfernt man bis auf zwei bis drei Stück.

Eine gute Humusversorgung des Bodens ist besonders bei den salzempfindlichen Gurken wichtig. Eine zusätzliche mineralische Düngung ist jedoch erforderlich, die Werte hierfür entnehmen Sie bitte der Tabelle auf Seite 35.

Gurkengewächse sind selbstunverträglich, die Anbaupause zwischen den

Gurkenkulturen sollte im Freiland 3 bis 4 Jahre betragen. Durch Bodenwechsel läßt sich diese Pause ausschalten. Gurken sind im Freiland Hauptkulturen, gute Vorfrüchte sind Erbsen, Porree, ansprechende Vor- und Zwischenkulturen Winterspinat, Radies oder Salat.

Das Bitterwerden der Gurken beruht auf zu starken Temperaturschwankungen, zu tiefen Nachttemperaturen, oft verbunden mit zuviel Nässe. Die Pflanzenhygiene ist besonders im Gewächshaus sehr wichtig. Rote Spinne und Weiße Fliege lassen sich gut biologisch bekämpfen, gegen Pilzbefall muß man spritzen.

Zuckermelonen *(Cucumis melo)*

Melonen enthalten 90 % Wasser, die übrigen Inhaltsstoffe sind dieselben wie die der Gurke, lediglich etwas mehr Zucker ist vorhanden. Geschmacksbildend wirkt die Zitronensäure.

Zuckermelonen sind noch wärmebedürftiger als Gurken, sie eignen sich deshalb ausgezeichnet für den Anbau auf Hügel- und Hochbeeten oder unter Glas und Folie. Es gibt hier bei den Sorten drei Gruppen, die Kantalupen (convar. *cantalupa*) mit stark gerippten, grünen Früchten, zum Beispiel 'Prescott de Paris', 'Köstlicher von Pillnitz'. Weiter die Netzmelonen (var. *reticulatus*) mit einem korkartigen, weißlich-hellbraunen Netz auf der Fruchtschale, zum Beispiel 'Berliner Netz', 'Benary's Zukkerkugel'. Und schließlich sind die Glattschaligen Melonen (var. *melitensis*) zu erwähnen, die längliche, glatte, grünlich-gelbliche Früchte aufweisen, zum Beispiel 'Sperling's Honigtopf', 'Supermarket'.

Den Haupttrieb entspitzt man nach dem fünften Blatt, die Seitentriebe erster Ordnung nach dem sechsten Blatt, ebenso die Seitentriebe zweiter Ordnung. Weibliche Blüten und Früchte

Die Mulchfolie schafft für die wärmeliebenden Zucchini einen warmen Fuß.

Unten: Melonen und Kürbisse lieben die Wärme von Hügel- und Hochbeeten. Eine Vorkultur ist in jedem Fall anzuraten.

Der Gartenkürbis, Cucurbita pepo, besitzt einen kantigen Stengelquerschnitt. Beim Riesenkürbis, C. maxima, ist der Stengelquerschnitt rund.

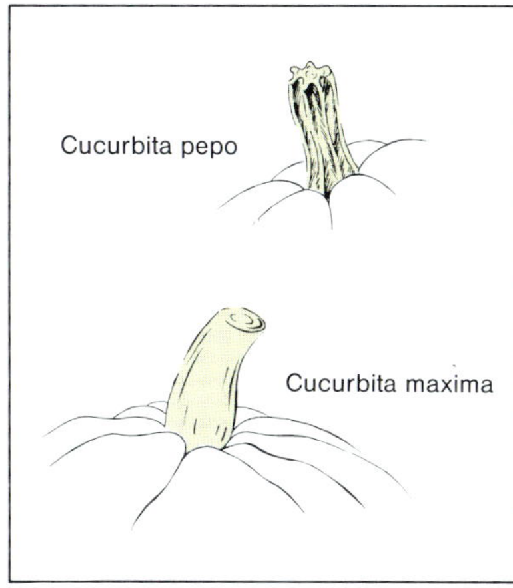

entwickeln sich nur an den Seitentrieben.

Die übrige Kultur ist dieselbe wie die der Gurken, auch der Anbau von Wassermelonen *(Citrullus lanatus* var. *caffer)*. Sie werden nicht geschnitten, gute Sorten sind 'Sugar Doll' und 'Sperling's Sweety'.

Gartenkürbis und Riesenkürbis *(Cucurbita pepo* und *Cucurbita maxima)*

Der Gartenkürbis besitzt längliche Früchte und einen kantigen Stengelquerschnitt, die Blätter sind gelappt, es gibt rankende und nichtrankende Formen. Hierher gehören der Zierkürbis, Squash, Melonensquash, Zucchini, Markkürbis, Ölkürbis und Patisonkürbis. Es gibt von allen diesen Gruppen viele Sorten, die meist recht gut sind. Informieren Sie sich in den Katalogen.

Der Riesenkürbis schmeckt weniger gut als der Gartenkürbis, die Früchte sind rund und sehr groß (35 bis 50 kg), der Stengelquerschnitt ist rund, wie auch das Blatt. Riesenkürbisse ranken immer, sie sind die Idealpflanzen zum Beschatten von Komposthaufen. Convar. *maximum* heißt der Zentnerkürbis, convar. *turbaniformis* der Turbankürbis. Sortennamen siehe Katalog.

Kürbisse sind weniger wärmebedürftig und empfindlich als Gurken und Melonen, jedoch nicht frosthart. Anzucht und Kultur erfolgt wie bei Gurken, ein Schnitt ist nicht erforderlich.

Tomaten, Paprika, Eierfrucht

Wie die Gurkengewächse sind auch diese Gemüsearten wärmebedürftig und frostempfindlich, sie brauchen jedoch nicht soviel Wasser. Tomaten, Paprika und Eierfrüchte lieben wie die Gurken den warmen Fuß der Hochbee-

te und sie gedeihen auf schwarzer Mulchfolie und unter Pflanzenhauben aus Kunststoff ausgezeichnet.

Tomaten eignen sich recht gut für die Mischkultur mit Buschbohnen (Windschutz), Kopfsalat und Möhren.

Tomaten *(Lycopersicon lycopersicum)*

Die Früchte enthalten 92 bis 95 % Wasser, 3,5 bis 8 % Kohlehydrate, das sind meist Zuckerverbindungen. Geschmacksbildner sind Äpfel- und Zitronensäure, daneben sind Kalk, Phosphor und Eisen vorhanden und an Vitaminen A, B_1, B_2, C und Nikotinsäure. Solanin, ein giftiges Alkaloid, kommt in unreifen Früchten vor.

Wir kennen die hochwachsenden Stabtomaten und die gedrungenen Buschtomaten, ausgegeizt brauchen nur erstere zu werden, auch brauchen nur sie eine Stütze. Folgende sind für den Gartenbau wichtig:

Stabtomaten (*L. lycopersicum* var. *commune*) mit den Sorten 'Vollendung', 'Hellfrucht'.

Buschtomaten (*L. lycopersicum* var. *finiens*): Sorte 'Hofmanns Rentita'. Zu dieser Gruppe gehören auch die Balkontomaten: Sorte 'Sperling's Liebchen F_1'.

Cocktailtomaten (*L. lycopersicum* var. *cerasiforme*) mit kirschgroßen, aromatischen, süßen Früchten, werden nur 30 cm hoch: Sorte 'Tiny Tim Sperling's Mini'.

Spaliertomaten (*L. lycopersicum* var. *cerasiforme*) mit ganz kleinen Früchten, Stabtomaten: Sorte 'Sweet 100 F_1'.

Fleischtomaten (*L. lycopersicum* var. *vulgare*) mit großen gekerbten Früchten, mehrkämmerig, eine Stabtomate: Sorte 'Master F_1'.

Die Freilandkultur ist mit und ohne Hilfe von Folien möglich, aber auch die ganzjährige Gewächshauskultur (20 bis

Tomaten haben ihren besten Platz auf der Spitze des Hügelbeetes.

Cocktailtomaten sind kirschgroße, aromatische und leicht süß schmeckende Früchte.

25 °C) ist möglich. Die Früchte reifen erst bei Temperaturen über 16°C gut aus.

Auch hier wird der Bezug fertiger Jungpflanzen mit Topfballen vorteilhaft sein. Die Selbstanzucht erfordert wie die der Gurkengewächse sehr viel Zeit und Energie. Eine gute Jungpfanze muß kurz und gedrungen sein, der Ballen gut durchwurzelt, der erste Blütenstand sollte gerade zu blühen beginnen.

Der normale Pflanzabstand beträgt 50 × 60 cm. Der Anbau im Freien beginnt nach den letzten Frösten. Auf dem Hügel- und Hochbeet läßt sich dieser Termin mit Hilfe von Tomatenhauben um 2 bis 3 Wochen vorverlegen.

Tomaten, Paprika und Eierfrüchte sind gut selbstverträglich, doch besteht die Gefahr von Fruchtfolgekrankheiten bei engem Anbau von Nachtschattengewächsen. Die Arten sind Hauptkulturen, als Vorfrucht und Vorkulturen sind alle Gemüsearten geeignet, die nicht zu den Nachtschattengewächsen gehören. Die Düngung entnehmen Sie der Tabelle Seite 35. Im Gewächshaus ist es von Vorteil, die Pflanzen von Zeit zu Zeit zu schütteln, um die Befruchtung zu gewährleisten. Bei Tomaten müssen zur Verhinderung von Krankheiten die Blätter stets trocken gehalten werden, gegen viele Schädigungen gibt es heute resistente Sorten. Schonung und Förderung der Blätter ist unbedingt erforderlich, im Laufe der Kulturzeit muß man das bodennahe Laub bis etwa 30 cm Höhe entfernen, weil sich dort zuerst die Pilzkrankheiten ansiedeln. Die verheerendste Krankheit ist die Kraut- und Fruchtfäule, sie tritt besonders bei feuchtkühlem Wetter auf. Hier wird eine Spritzung nicht zu umgehen sein, am besten schon vorbeugend, zum Beispiel mit Cupravit (OB 21) 0,5 %, sieben Tage Wartezeit.

Im Freiland wird es meist nicht möglich sein, mehr als fünf Blütenstände zur Reife zu bringen. Die darüberstehenden werden ausgebrochen, der Gipfeltrieb aber nicht gekappt, damit er weiterhin Assimilate (Zucker) bilden kann. Im Gewächshaus lassen sich die Blütenstände in beliebiger Menge zur Reife bringen, besonders bei optimal ernährten und gepflegten Pflanzen.

Paprika *(Capsicum annuum)*

92 % Wasser enthalten die Paprikafrüchte, 5 % Kohlehydrate (Zucker) und 1 % Eiweiß. Der Vitamin-C-Gehalt ist hoch: 125 mg auf 100 g Frischsubstanz. Der scharfe Geschmack kommt von dem Alkaloid Capsaicin, das besonders im Samenansatz enthalten ist. Wir kennen Gewürz- und Gemüsepaprika.

Rechts Mitte: Der Römische Bindesalat, hier die Sorte 'Apollo', bildet eine dicht gestellte Rosette. Die Blätter ragen steil nach oben.

Rechts außen: Eissalat hat feste, knackige Blätter und entwickelt große Köpfe. Er verträgt die sommerliche Hitze recht gut.

Sorten von Gewürzpaprika: 'Sperling's Peppi'.
Gemüsepaprika: 'Esterel', 'Bell Boy F_1', 'Golden Bell Sperling's Delikat F_1', 'Golden Boy'.

Viele Sorten sind resistent gegen Krankheiten. Paprika sind anspruchsvoller als Tomaten, sie brauchen mehr Wärme und mehr Humus im Boden. Sie stellen eine ideale Kultur für Hügel- und Hochbeete oder unter Folienhauben dar. Im warmen Gewächshaus gedeihen sie ganzjährig. Die optimalen Temperaturen liegen tags bei 25 °C, nachts bei 16 °C. Bei mehr als 30 °C treten Befruchtungsstörungen und Blattfall auf.

Mit der Jungpflanzenbeschaffung und Kultur verhält es sich genauso wie bei den Tomaten, Pflanzabstand 40×40 cm. Als Schädlinge kommen – besonders im Gewächshaus – Blattläuse und Rote Spinne (Spinnmilbe) vor.

Eierfrucht, Aubergine *(Solanum melongena)*

Von dieser Frucht gibt es Sorten mit weißen, violetten, dunkelpurpurroten und schwarzen Früchten. Die in Deutschland angebotenen Sorten besitzen alle eine dunkel-violette Fruchtfarbe, so 'Royal Knight F_1', 'Sperling's Blacky', 'Lange violette Vedette'.

Eierfrüchte sind noch empfindlicher als Tomaten und Paprika, die Temperatur sollte tags 24 °C und nachts 20 °C betragen. Auch die Eierfrucht eignet sich ausgezeichnet für Hügel- und Hochbeete, auch unter Pflanzenhauben und auf Mulchfolie gedeiht sie. Die Kultur im warmen Gewächshaus auf Hügel- oder Hochbeeten ist ganzjährig gut möglich. Pflanzabstand 50×60 cm. Als Schädiger treten oft Weiße Fliege und Rote Spinne auf, die Fachgeschäfte führen die verschiedensten Mittel dagegen.

Die Früchte sind reif, wenn sie gut ausgefärbt sind und stark glänzen. Sie können nicht roh, sondern nur gebraten oder geschmort verzehrt werden.

Salatgemüse

Heutzutage fällt nicht wie früher nur der Kopfsalat unter diesen Sammelbegriff, sondern auch dessen verschiedene Anbauformen und Verwandte wie Schnittsalat, Pflücksalat, Spargelsalat, Eissalat und Römischer Bindesalat. Weiter gehören dazu der Feldsalat, die Winterendivie, Chicorée, Radicchio und Zuckerhutsalat. Auch Löwenzahn und Kresse rechnen sich zu den Salaten.

Es sind meist robuste Arten, die zum Teil ohne jeden Schutz auch im strengsten Winter im Freien wachsen (Löffelkraut, Winterportulak), andererseits gibt es beim Kopfsalat empfindliche Sorten, die Folien- oder Glasschutz benötigen. Chicorée und Löwenzahn muß man nach einer im Freiland durchgeführten Vorkultur unter Lichtabschluß treiben, um sie genießbar zu machen.

Kopfsalat *(Lactuca sativa* var. *capitata)*

Alle Kopfsalate enthalten bis zu 95 % Wasser, 1,4 % Roheiweiß, 0,3 % Fett und 2,5 % Kohlehydrate. An Mineralstoffen gibt es Eisen, Kalium, Natrium und Kalzium, an Vitaminen Provitamin A (Carotin), B_1, B_6 und C. Geschmacksbildend sind verschiedene organische

Säuren, Asparagin und der Bitterstoff Lactucin. Die Art *Lactuca sativa* ist heute durch die Züchtung in vier Varietäten aufgeteilt:

Der **Spargelsalat** *(L. sativa* var. *angustana)* ähnelt noch am stärksten der Wildform. Er bildet keinen Kopf, nur eine Rosette, und geht sofort in Blüte. Gegessen werden die Blütenstandsachsen.

Schnitt- und Pflücksalate *(L. sativa* var. *crispa)* entwickeln sich ebenfalls nur bis zum Rosettenstadium, die Blütenstandsachse geht etwas später in die Höhe als beim Spargelsalat. Geschnitten und gepflückt werden die ausgewachsenen Blätter. Hierher gehört auch der Eichenlaubsalat.

Der **Römische** oder **Bindesalat** *(L. sativa* var. *longifolia)* bildet eine dichtgestellte Rosette, deren längliche Blätter steil nach oben ragen und zum Binden geradezu auffordern. Die neueren Sorten sind selbstschließend, so 'Kasseler', 'Pariser Gelber', und 'Sperling's Crato'. Römischer Salat schießt nicht so schnell, ist aber wärmebedürftiger und frostempfindlicher. Anfang Mai pflanzt man im Abstand 40×40 cm ins Freiland. Folgesätze sind bis August möglich.

Der **Kopfsalat** *(L. sativa* var. *capitata)* bildet durch die Stauchung der Blütenstandsachse einen Kopf. Es gibt hier wieder zwei Gruppen, nämlich den **Buttersalat** und den **Eissalat**. Eissalat hat feste, grüne Blätter mit spröder Mittelrippe, die Köpfe werden sehr groß, sind lange haltbar und frostempfindlich. Hitze wird gut vertragen. Sorten: 'Laibacher Eis', 'Great Lakes', 'Minetto'.

Es würde zu weit führen, wollte man hier noch die verschiedenen Bastarde (Hybriden) aufzählen. Der Buttersalat hat weiche Blätter in den verschiedensten Farben. Zu dieser Gruppe gehören alle bei uns bekannten Kopfsalatsorten, die durch ihre Langtag-Eigenschaft (sie blühen, wenn die Tage lang sind) eine sorgfältige Auswahl verlangen. Es gibt tagneutrale Sorten, die sich auch im Sommer anbauen lassen.

Sorten für den Anbau im Gewächshaus: 'Larissa', 'Verdi', 'Romeo'.

Frühsorten (Anbau im Freiland im April): 'Viktoria Typ King', 'Blondine', 'Reskia'.

Frühsommersorten (Pflanzung im Mai): 'Mona', 'Attraktion', 'Neckarriesen', 'Benita'.

Sommersorten (Pflanzung im Juni): 'Kagraner Sommer', 'Brauner Trotzkopf', 'Corelli', 'Hilde'.

Frühherbstsorten (Pflanzung Mitte Juli bis Mitte August): 'Neckarriesen',

Feldsalat paßt auf viele Beete als Zwischensaat oder als Nachkultur. Je nach Witterung kann über den ganzen Winter hinweg geerntet werden.

'Wunder von Voorburg', auch viele Frühsorten.

Wintersorten im Freiland (Pflanzung Ende September bis Anfang Oktober): 'Maiwunder', 'Winter Butterkopf'.

Sämtliche Varietäten und Gruppen haben die gleichen Ansprüche, deshalb genügt hier nur eine Kulturbeschreibung. Verlangt werden viel Licht und eine mittlere Temperatur. Im Gewächshaus sind im Winter tags 10 °C und nachts 6 °C richtig. Wintersalate können im Freien bis – 5 °C aushalten.

Jungpflanzen werden das ganze Jahr über günstig angeboten, Frühsorten sollten Topfballen haben. Ab Mai–Juni ist die Anzucht auf dem Freilandbeet ohne viel Aufwand möglich. Zum Pflanztermin müssen die Setzlinge gedrungen und gut ernährt sein. Standweiten: Früh- und Herbstsorten 25×25 cm, Sommer- und Freiland-Wintersorten 25×30 cm, Treibsorten 20×20 cm, Eissalat 30× 40 cm, Reihenentfernung bei Schnittsalat: 15 cm, Saatmenge 3 g/m², Pflücksalat 30×30 cm, Reihenentfernung bei Spargelsalat: 25 cm, Saatmenge 3 g/m².

Salat ist salzempfindlich, Empfehlungen für mineralische Düngung siehe Seite 35. Eine gute Humusversorgung des Bodens ist wichtig, jedoch sind frischer Stallmist und Gülle zu meiden. Als Tiefwurzler braucht der Salat tief gelockerten Boden.

Gartensalate sind mit sich selbst verträglich, sie eignen sich für Vor-, Nach- und Zwischenkulturen.

Die Salatfäule ist eine typische Fruchtfolgekrankheit, durch kühle Witterung entsteht manchmal Falscher Mehltau, bei trockener Wärme treten Blattläuse auf. Weil Salat ein kurzlebiges Blattgemüse ist, das frisch verzehrt wird, rate ich von einer Spritzung ab.

Radicchio wird im Herbst oder im Frühjahr angebaut. Die zunächst grünlichen Blätter färben sich mit der Zeit rötlich. Das Bild zeigt die Sorte 'Palla rossa'.

Feldsalat *(Valerianella locusta)*

Die Inhaltsstoffe sind ähnlich denen des Kopfsalates, nur die Geschmacksbildner fehlen. Die Gemüseart können Sie gut als Freiland-Winterkultur nutzen, sie ist selbstverträglich und macht auch in Mischkultur keinerlei Schwierigkeiten. Im Gewächshaus wächst Feldsalat bei höchstens 14 °C recht gut.

Sorten: 'Holländischer Breitblättriger', 'Dunkelgrüner Vollherziger', 'Vit'.

Gesät wird im August, der 7. September gilt als der letzte Termin. Reihenentfernung 10 cm, Saatmenge 2 g/m^2, Saattiefe etwa 1 cm.

Winterendivie *(Cichorium endivia)*

Die Inhaltsstoffe sind auch hier ähnlich denen des Gartensalates, nur daß als Geschmacksbildner neben Inulin das bittere Intybin vorhanden ist. Wir haben hier eine Verwandte der heimischen Wegwarte, es gibt zwei Varietäten, die krausblättrige *(C. endivia* var. *crispum)* und die breitblättrige Winterendivie *(C. endivia* var. *latifolium)*.

Sorten: 'Grüne große Krause' (krausblättrig), 'Bubikopf', 'Eskariol grüner', 'Eskariol gelber', 'Diva', 'Golda', 'Rosabella'.

Jungpflanzenanzucht und Kultur gleichen der des Kopfsalates, es handelt sich ebenfalls um Langtagpflanzen, Pflanztermin ist also Ende Juli, Pflanzabstand 30×30 cm. Im Gewächshaus ist die Kultur bei 10 °C bis 12 °C möglich.

In der Fruchtfolge gibt es keine Schwierigkeiten, Endivien sind typische Nachkulturen.

Chicorée, Radicchio, Zuckerhutsalat *(Chichorium intybus* var. *foliosum)*

Jeder dieser Salate hat unsere heimische Wegwarte als Stammform. Der Chicorée wird aus den ursprünglich für die Kaffeezubereitung bestimmten Wurzeln »getrieben«, man hat das Verfahren in Belgien enwickelt. Radicchio ist eine italienische Züchtung, bei der die Wurzeln nicht mehr rübenförmig sind. Doch die Pfahlwurzel ist geblieben, die Blätter sind rötlich-grünlich. Der Zuckerhut wurde in der Schweiz herausgezüchtet. Grün und mit einem festen Kopf ähnelt die Pflanze dem Chinakohl.

Die Vorkultur der Chicorée-Wurzeln und der Anbau von Radicchio und Zuckerhutsalat finden im Freien statt, Chicorée treibt man in den Wintermonaten bei 12 °C bis 17 °C in verdunkelten Räumen.

Geeignete Chicorée-Sorten: 'Brüsseler Witloof', Verbesserung: 'Edelloof',

Chicoreé steht den Sommer über auf dem Freiland-beet (links unten). Im Herbst erntet man die Rüben, das Laub wird entfernt. Im Winter treibt man die Rüben, eingeschichtet in Gefäßen, an (rechts).

'Renova'. Ohne Deckerde zu treiben: 'Mitado F_1', 'Zoom F_1'.

Radicchio-Sorten für Frühjahrsanbau und Herbsternte: 'Palla Rossa', 'Guilo', 'Cesare'. Für Herbstanbau und Frühjahrsernte: 'Roter Veroneser', 'Otello'.

Zuckerhutsalat: 'Zuckerhut', 'Sperling's Kristallkopf'.

Sämtliche Zichoriensalate sind wie ihre Stammform, die Wegwarte, sehr robust, mineralische Düngung siehe Seite 35.

Chicorée sät man Mitte Mai direkt ins Freiland, er stellt eine Hauptkultur dar, die von Mai bis Oktober–November das Beet besetzt hält. Reihenentfernung 35 cm, Saatmenge 7 g/m^2, nach dem Auflaufen wird auf 10 cm Abstand in der Reihe verzogen. Nach der Ernte verwendet man nur die Rüben mit einem Kopfdurchmesser von 3,5 cm bis 5 cm zur Treiberei. Man schichtet sie in etwa 40 cm hohe, im Boden durchlöcherte Behälter, gibt darüber eine 3 cm dicke Erdschicht und schlämmt diese ein. Die älteren, nicht selbstbleichenden Sorten brauchen darüber noch 20 cm Deckerde. Der Treibraum muß dunkel sein.

Radicchio und Zuckerhutsalat werden wie Winterendivien angebaut.

Löwenzahn *(Taraxacum officinale)*

Der Löwenzahn wird wie Chicorée kultiviert und getrieben oder man läßt die Wurzeln den Winter über im Boden und stülpt im Februar Gefäße darüber, die mit Mist zur Wärmeentwicklung umhüllt sind. Das Ziel sind getriebene und gebleichte Blätter.

Kresse *(Lepidium sativum)*

Die sehr kurzlebige Gemüseart benötigt bis zur Erntereife im Sommer 5 bis 6, im Winter 12 bis 14 Tage. Die Kultur ist ganzjährig möglich, die Aussaat erfolgt

Schnittmangold gilt als besonders robuste Pflanze. Er kann sogar im Freien überwintern.

an Ort und Stelle, im Freiland in Reihen mit 10 cm Entfernung, Saatmenge 60 bis 80 g/m², unter Glas breitwürfig 110 g/m².

Spinatgemüse

Gartenspinat *(Spinacia oleracea)*

Spinatblätter enthalten 94 % Wasser, 2 % Eiweiß, 0,3 % Fett und 1 % Kohlehydrate. Außerdem ist Eisen vorhanden, aber auch Kalzium, Saponine, Jod und viel Chlorophyll. Weitere Inhaltsstoffe sind Provitamin A (Carotin) und die Vitamine B_1, B_2, K_1 und Folsäure. Der Vitamin-C-Gehalt ist sehr hoch. Außerdem ist ziemlich viel Oxalsäure in den Spinatblättern enthalten, ebenso beachtliche Mengen an Nitrat.

Wie der Salat ist auch der Spinat eine typische Langtagpflanze. Die Art ist zweihäusig, es gibt weibliche und männliche Pflanzen, letztere schießen rascher.

Sorten für Herbst und Winter: 'Atlanta', 'Vital', 'Medania'.

Für die Überwinterung: 'Matador', 'Wiremona', letztere einhäusig, spätschießend.

Sämtliche Gänsefußgewächse (Runkelrüben, Zuckerrüben, Rote Rübe, Spinat, Melde, Mangold) vertragen sich nicht miteinander, es muß dazwischen eine Anbaupause von mindestens einem Jahr eingeschaltet werden. Spinat ist Vor-, Nach- und Zwischenkultur, er läßt sich vielseitig in die Fruchtfolge eingliedern.

Wegen der Langtag-Eigenschaft des Spinats ist nur die Herbst-, Winter- und Frühjahrskultur möglich. Ausgesät wird für die Herbsternte im August, für die Überwinterung im September und für die Frühjahrsnutzung so zeitig wie möglich im Jahr. Im Gewächshaus ist ebenfalls bei einer Höchsttemperatur von 10 °C die Winterkultur möglich. Reihenentfernung 20 bis 25 cm, Saatmenge 6 g/m²

Humusreicher Boden ist für den Spinat optimal, die mineralische Düngung sollte mäßig sein wegen der Gefahr der Nitratanreicherung im Gewebe. Genaue Werte siehe Liste Seite 35.

Mangold *(Beta vulgaris)*

Mangoldblätter bestehen zu 90 % aus Wasser, 2 % sind Roheiweiß, 0,4 % Fett und 5 % Kohlehydrate. Mineralstoffe: Kalium, Natrium, Kalzium, Magnesium, Phosphor. Vitamine: viel Provitamin A (Carotin) und Vitamin C. Daneben Vitamin B_2.

Neuseeländer Spinat verträgt keinen Frost, er wird vorkultiviert. Schnittsellerie begleitet die noch junge Kultur.

Rechte Seite: Erbsen, hier die Sorte 'Inga', eignen sich hervorragend als Vorfrucht.

Es gibt zwei Varietäten, den Rippenmangold *(B. vulgaris* var. *flavescens)* und den Schnittmangold *(B. vulgaris* ssp. *vulgaris)*. Beim Rippenmangold kann der Blattstiel bis zu 10 cm breit und ziemlich dick werden. Er ist in seiner Jugendphase frostempfindlich.

Sorten: 'Glatter Silber', 'Krauser Silber'.

Schnittmangold hat schmale Blattstiele, wächst niedrig und ist robust.

Sorten: 'Grüner Schnitt'; 'Lukullus' heißt eine Zwischenform, 'Vulkan' hat rote Blattrippen, die Blätter sind hier rötlichgrün.

Der während des Jugendwachstums etwas empfindliche Rippenmangold wird Ende April gesät, bei Schnittmangold ist eine frühere Saat möglich, diese Varietät kann auch den Winter über auf dem Beet bleiben und genutzt werden, besonders auf Hügel- und Hochbeeten. Reihenentfernung 30 bis 35 cm, Saatmenge 1,5 g/m^2. Rippenmangold wird in der Reihe auf 25 bis 30 cm vereinzelt.

Die Art ist robust, die Bodenansprüche sind nicht außergewöhnlich. Mineralische Düngung siehe Seite 35.

Neuseeländer Spinat *(Tetragonia tetragonioides)*

Hier enthalten die Blätter 90 % Wasser, 3 % Eiweiß, 0,4 % Fett und 3 % stickstofffreie Extraktstoffe.

Die Art ist frostempfindlich, wärmebedürftig, braucht viel Feuchtigkeit und einen sowohl humus- als auch nährstoffreichen Boden.

Sorten wurden bisher davon noch nicht gezüchtet, eine Jungpflanzenvorkultur im 10-cm-Topf (zwei bis drei Samen einlegen) ist auf jeden Fall bei 20 °C bis 25 °C erforderlich.

Pflanzung ins Freie ab Mitte Mai, 100 × 50 cm, Grunddüngung 60 g/m^2 Blauvolldünger, Kopfdüngungen Anfang Juli und Mitte August mit je 30 g/m^2. Im Sommer wirken sich Hügel- und Hochbeete sowie schwarze Mulchfolie positiv aus, Folientunnels lassen Anbautermin und Ernteende im Frühjahr oder Herbst verfrühen beziehungsweise hinausschieben.

Hülsenfrüchte

Gartenerbse *(Pisum sativum)*

Die Inhaltsstoffe von frischen Erbsenkörnern sind etwa 7 % Eiweiß, 15 % Kohlehydrate, 0,3 % Fett. Mineralstoffe: Kalzium, Phosphor und Eisen. Vitamine: Provitamin A (Carotin), B_1, B_2 und sehr viel Vitamin C.

Wir unterscheiden heute in der gärtnerischen Praxis drei Gruppen:

1. Brockel-, Schal- oder Palerbsen *(Pisum sativum* convar. *sativum)* mit glattem, rundem Samenkorn. Robuste Sorten sind 'Kleine Rheinländerin' (mittelhoch), 'Rheinperle' (ähnlich), 'Allerfrüheste Mai' (mittelhoch), 'Schnabel', 'Konservenkönigin' (beide hoch).
2. Markerbsen *(Pisum sativum* convar. *medullare)* mit runzligem Samenkorn, empfindlicher, Aussaat erst Mitte bis Ende April. Sorten: 'Wunder von Kelvedon' und 'Progreß Nr. 9' (beide niedrig), 'Sprinter', 'Lancet', 'Juwel', 'Exzellenz' (alle mittelhoch), 'Senator', 'Aldermann' (beide hoch).
3. Zuckererbsen *(Pisum sativum* convar. *axiphium)*, deren Hülsen keine zähe Innenhaut haben und deshalb mitgegessen werden können. Sorten: 'Suggy' (niedrig bis halbhoch), 'Rheinische Zucker', 'Zuga' (beide mittelhoch), 'Frühe Heinrich', 'Delikett' (beide hoch), 'Schweizer Riesen' (sehr hoch).

Erbsen besitzen als Leguminosen an ihren Wurzeln Knöllchenbakterien, die den Stickstoff der Luft für die Pflanze nutzbar machen. Die Art ist ein ausgesprochener Tiefwurzler und mit diesen beiden Eigenschaften eine ausgezeichnete Vorfrucht. Als Fruchtfolgekrankheit sind Älchen zu befürchten, deshalb ist eine zu enge Fruchtfolge nicht angebracht. Erbsen sind selbstunverträglich. Es handelt sich hier wieder um Langtagpflanzen, die im Langtag blühen und fruchten. Deshalb werden Palerbsen Ende März, Mark- und Zuckererbsen Mitte April ausgesät. Reihenentfernung für niedrige Sorten 25 bis 30 cm, keine Stützvorrichtung; bei höheren Sorten 35 bis 40 cm, mit Stützgerüst; Saatmenge jeweils 16 g/m^2. Auf Hügel- und Hochbeeten können Palerbsen – nach einer Vorkultur im 10-cm-Topf – schon

Stangenbohnen, hier die Sorte 'Neckarkönigin', besitzen einen hohen Vorfruchtwert.

Dicke Bohnen vertragen Frost viel besser als andere Bohnenarten. Sie werden deshalb sehr früh gesetzt.

Anfang bis Mitte Februar gepflanzt werden. Sät man Anfang bis Mitte Oktober direkt auf diese Beete, können die Palerbsen, etwa 7 cm hoch und bei starken Frösten mit Fichtenreisig geschützt, den Winter überstehen.

Buschbohnen und Stangenbohnen
(Phaseolus vulgaris var. *nanus* und *P. v.* var. *vulgaris)*

Diese Bohnenarten enthalten 24% Eiweiß, 2% Fett und 55% stickstofffreie Extraktstoffe. Bohnen, besonders die Sojabohnen, sind unsere nährstoffreichsten Gemüsearten.

Buschbohnen-Sorten, grünhülsig: 'Marona', 'Dufrix', 'Saxa'; gelbhülsig: 'Hildora', 'Frühe dickfleischige Wachs'.

Stangenbohnen, grünhülsig: 'Hiltrud', 'Neckarkönigin', 'Perle von Marbach'; gelbhülsig: 'Juwagold', 'Wachs Goldregen'; blauhülsig: 'Blauhilde'.

Wie die Erbsen gehören auch die Bohnen zu den Leguminosen mit ihren stickstoffsammelnden Knöllchenbakterien. Busch- und Stangenbohnen sind frostempfindlich.

Alle Bohnen sind selbstverträglich, können bei zu dichter Aufeinanderfolge jedoch von Fruchtfolgekrankheiten (Stengelälchen, Bohnenfliege) befallen werden. Der Vorfruchtwert ist gut, in der Kulturfolge sind es Haupt- und Zwischenkulturen.

Eine Jungpflanzenanzucht ist in jedem Fall günstig und verkürzt die Standzeit auf dem Beet. Mit Hilfe von Folientunnels und Pflanzenhauben läßt sich die Kulturzeit im Freien verlängern, besonders auf den warmen Hügel- und Hochbeeten. Im Gewächshaus können Sie bei Temperaturen von 15 °C bis 20 °C auch im Winter Busch- und Stangenbohnen ziehen.

In das freie Land ohne Folienschutz pflanzen Sie Busch- und Stangenbohnen Mitte Mai, Buschbohnen im Abstand von 40 × 50 cm, Stangenbohnen mit 100 × 50 cm Abstand. Auch eine Sommerkultur ist möglich, letzter Pflanztermin Mitte Juli. Pro Pflanzstelle rechnet man bei Buschbohnen drei bis fünf Setzlinge, die zusammen im 12-cm-Topf herangezogen wurden. Bei Stangenbohnen gewinnt man sechs bis acht Setzlinge aus dem 12-cm-Topf.

Alle Bohnen lieben humusreichen Boden, frischer Stallmist ist jedoch nicht erwünscht. Mineralische Düngung siehe Liste Seite 35.

Stangenbohnen werden sehr leicht vom Rost befallen, die Fachgeschäfte führen ein reiches Sortiment geeigneter Gegenmittel.

Puffbohnen, Dicke Bohnen *(Vicia faba)*

Sie stellen eine der ältesten Kulturpflanzen der Menschheit dar. Die große Samenkörner enthalten wie bei allen Bohnen viel Eiweiß (23 %), dazu kommen 2 % Fett und 47 % stickstofffreie Extraktstoffe. An Mineralstoffen gibt es Kalzium, Phosphorsäure und Eisen, Vitamine: Provitamin A (Carotin), B_1, B_2, Nikotinsäure und VitaminC.

Während sämtliche anderen Bohnen frostempfindlich sind, ist das bei Puffbohnen nicht der Fall. Sie können die im 10-cm-Topf vorkultivierten Pflanzen (zwei bis drei Samen pro Topf) so bald wie möglich setzen, besonders früh ist es auf dem Hügel- und Hochbeet möglich. Pflanzabstand 50×20 cm.

Sorten: 'Frühe Weißkeimige', 'Felix', 'Con amore', 'Hangdown'.

Wie alle Bohnen sind auch die Puffbohnen mit den an den Wurzeln sitzenden Knöllchenbakterien Stickstoffsammler, zusätzlich Tiefwurzler und damit eine ausgezeichnete Vorfrucht. In der Kulturfolge bildet die Puffbohne eine Vorkultur. Als Fruchtfolgeschädlinge treten Stengelälchen auf, was zu Anbaupausen nach sich selbst und zwischen Bohnen und Erbsen zwingt.

Die Ansprüche an Boden und Düngung liegen wie bei Busch- und Stangenbohnen. Puffbohnen werden fast immer von der Schwarzen Bohnenlaus befallen. Sofort, wenn man die ersten Läuse sieht, sollte man mit einem Insektizid mit kurzer Wartezeit spritzen, zum Beispiel Unden 0,1 %, Wartezeit 4 Tage.

In mitteleuropäischen Gärten werden gegenwärtig vornehmlich Buschbohnen, Stangenbohnen, Feuerbohnen, Puffbohnen und auch Sojabohnen angebaut. Dabei stehen Busch- und Stangenbohnen und auch die Puffbohnen ohne Zweifel an der Spitze und deshalb haben wir uns nur mit diesen Arten be-

Als klassisches Beispiel für eine Mischkultur gilt die Kombination von Möhren und Zwiebeln. Beide Kulturen sollen sich gegenseitig vor den Schädlingen Möhren- und Zwiebelfliege schützen.

schäftigt. Sollten Ihre Interessen auch den anderen Formen gelten, sei die am Schluß des Buches genannte Spezialliteratur empfohlen.

Zwiebelarten

Heute befindet sich ein großes Angebot eßbarer Zwiebelarten auf dem deutschen Markt. Weil es aber hier zu weit führen würde, sich mit allen zu beschäftigen, wollen wir uns auf die Küchenzwiebel *(Allium cepa)*, den Porree *(Allium porrum)* und den Schnittlauch *(Allium schoenoprasum)* beschränken. Auf weiterführende Literatur möchte ich wieder hinweisen.

Küchenzwiebel, Porree, Schnittlauch
(Allium cepa, A. porrum, A. schoenoprasum)

Alle Zwiebel- und Laucharten enthalten etwa 90 % Wasser, 2 bis 3 % Roheiweiß, 0,3 % Rohfett und bis zu 8 % Kohlehydrate. Mineralstoffe: Kalzium, Phosphor, Eisen. Vitamine: B_1, B_2, Nikotinsäure und in geringen Mengen Vitamin C. Geschmacksbildend wirkt das

Gemüsezwiebeln schmecken sehr mild, lassen sich aber nicht lagern.

An der Breitseite dieses Hügelbeetes fanden sie einen geeigneten Platz.

Knoblauch- oder Zwiebelöl, das hauptsächlich aus Allylsulfid besteht.

Die Küchenzwiebel kommt aus warm-trockenen Steppengebieten, Porree und Schnittlauch aus Überschwemmungsgebieten der Stromtäler. Das ist bei der Kultur zu beachten. Küchenzwiebeln sind Freilandpflanzen, Porree kann im frostfrei gehaltenen Gewächshaus kultiviert werden, Schnittlauch treibt man bei 18 °C bis 20 °C im Gewächshaus an.

Sorten der Frühlingszwiebel (Saat im Herbst, Ernte im Frühling): 'Weiße Frühlingszwiebel', 'Senshyu Yellow'.

Sorten der Dauerzwiebel (Anbau im Frühling, Ernte Sommer bis Spätsommer): 'Stuttgarter Riesen' (auch als Steckzwiebel geeignet), 'Zittauer Gelbe', 'Braunschweiger Dunkelblutrote', 'Birnförmige'.

Fleischer- oder Gemüsezwiebel (groß, nicht haltbar, milder Geschmack): 'Yellow Sweet Spanish Sperling's Koloss' und 'The Kelsae'.

Lauchzwiebeln (ganzjährige Kultur, auch Treiben im Gewächshaus): 'Evergreen Bunching', 'Southport White Globe'.

Eine Reihe Kopfsalat wächst auf dem Hügelbeet zwischen verschiedenen Kohlarten.

Schnittlauch: 'Sperling's Grolau', 'Hild's Polycross' (grobröhrig), daneben 'Mittelgrobröhrige' und 'Schnittlauch fein'.

Porree (Sommerporree ist hellgrün, weich, kurzlebig und frostempfindlich, Winterporree ist dunkelgrün, fest und winterhart), für Pflanzung im März–April: 'Früher Sommer', 'Titan'; für Pflanzung Mai–Juni: 'Elefant', 'Herbstriesen'; für Pflanzung Mitte August: 'Blaugrüner Winter', 'Carentan'.

Sämtliche Zwiebel- und Laucharten haben einen ausgezeichneten Vorfruchtwert, besonders der Porree. Die Zwiebelfliege als einzige Fruchtfolgekrankheit zwingt gelegentlich zu Anbaupausen.

Am vorteilhaftesten erweist sich bei den Speisezwiebeln der Saatzwiebel-Anbau. Es fällt am wenigsten Arbeit an und die Zwiebeln sind am haltbarsten. Der Saattermin sollte so früh wie möglich liegen, Reihenentfernung 25 cm, Saatmenge 1,5 g/m^2.

Steckzwiebeln legt man auch sehr früh, zugekaufte Steckzwiebeln besorgen Sie sich schon im Januar und setzen sie dann etwa 3 Wochen lang einer Temperatur von 30 °C bis 40 °C aus. Das verhindert das Schossen. Reihenentfernung 25 cm, Abstand in der Reihe 4 bis 6 cm. Selbstgezogene Steckzwiebeln werden im zeitigen Frühjahr in 15 cm Reihenentfernung mit 15 g/m^2 Saatgut ausgesät. Geeignete Steckzwiebeln haben 1,5 cm Durchmesser.

Pflanzzwiebeln setzt man ebenfalls so früh wie möglich, besonders die großen Gemüsezwiebeln sollte man pflanzen. Setzlinge können zugekauft werden oder man sät Anfang Februar 10 g/m^2 ins Frühbeet.

Speisezwiebeln brauchen keinen stark nährstoff- und humushaltigen Boden, dagegen Schnittlauch und Porree sehr wohl. Diese Ansprüche haben sich aus den Heimatbiotopen der Pflanzen erhalten. Mineralische Düngung siehe Seite 35.

Schnittlauch wird durch Aussaat vermehrt, aber auch Jungpflanzen-Zukauf oder Teilung älterer Pflanzen ist möglich. Der Saattermin im Freien oder im Frühbeet liegt im April bis Juni, Saatmenge 10 g/m^2. Nach etwa 6 Wochen wird auf 25×25 cm gepflanzt.

Porree setzt man zu den verschiedensten Terminen, siehe oben. Jungpflanzen können zugekauft werden oder man zieht sie wie Zwiebelpflanzen an.

Kohlgemüse

Hier sollen nur die wichtigsten Kohlarten besprochen werden, nämlich die Kopfkohlarten, Kohlrabi, Brokkoli und Blumenkohl, Rosenkohl und Grünkohl.

Kopfkohl enthält 90 bis 95 % Wasser, Rosen- und Grünkohl nur 80 %. Am nährstoffreichsten (Eiweiß, Fett, Kohle-

Butterkohl eignet sich recht gut als Nachkultur. **Im Herbst gepflanzt kann er in milden Gegenden auf dem Beet überwintern.**

hydrate) sind Rosen-und Grünkohl, am wenigsten Nährstoffe enthalten die Kopfkohlarten.

Vitamine: Provitamin A (Carotin), B_1 und B_2, am vitaminreichsten ist der Grünkohl. Geschmacksbildner sind bei allen Arten die Senfölglykoside.

Weiß- und Rotkohl, Wirsing *(Brassica oleracea* f. *alba* und f. *rubra, B. o.* var. *sabauda)*

Sorten:

Weißkohl früh (Pflanzung so früh wie möglich, 40×35 cm): 'Dithmarscher Allerfrühester', die verbesserte Form 'Allfrüh', Ernte Ende Juni. 'Erstling' ist ein Spitzkohl und kann bereits im Herbst gepflanzt werden, das einzige frostharte Weißkraut.

Mittelfrüh für Sauerkraut (Pflanzung Mitte Juni 60×60 cm): 'September' – Ernte Ende September, 'Holsteiner Platter' – Ernte Ende Oktober, 'Filderkraut' – spitzer Kopf, Ernte September.

Lagersorten (Pflanztermin wie vorige, 50×50 cm): 'Langendijker Dauer', 'Marner Lagerweiß', 'Amager'.

Rotkohl (Pflanztermine und Abstände wie Weißkohl), früh: 'Marner Frührotkohl', 'Frührot'.

Mittelfrüh: 'Mohrenkopf', 'Marner Septemberrot'.

Spät: 'Lagerrot', 'Dauerrot'.

Wirsing (Pflanztermine und Abstände wie Weißkohl), früh: 'Vorbote', 'Praeco'.

Mittelfrüh: 'Marner Grünkopf'.

Spät: 'Hammer', 'Vertus'.

Winterwirsing (auch zur Ernte im Winter): 'Winterfürst', 'Dauerwirsing', 'Adventwirsing'. Pflanzung 25×50 cm im Oktober, Ernte spätestens April–Mai.

Sämtliche Kohlarten lieben hohe Luftfeuchtigkeit und viel Wasser im Boden, sie brauchen viel Licht und sind sehr robust. Frosthart sind jedoch nur Rosenkohl, Grünkohl und Winterwirsing. Frühlingsfröste können bei nicht resistenten Kohlrabisorten das Schossen auslösen. Brokkoli und Blumenkohl brauchen am meisten Wärme. Der Boden sollte mittelschwer bis schwer und damit gut wasser- und nährstoffhaltend sein. Die Kohlarten sind ausgesprochene Starkzehrer. Nähere Angaben über die mineralische Düngung finden Sie auf Seite 35.

Frühe Arten lassen sich unter Folie kultivieren, Blumenkohl und Kohlrabi bei 10 °C bis 14 °C auch im Gewächshaus. Jungpflanzen der Kohlarten werden während der ganzen Kulturperiode überall angeboten. Man kann sie auch selbst anziehen, am besten man sät gleich in Multitopfplatten oder Jiffypots.

Sämtliche Kohlarten sind selbstunverträglich und außerdem durch die Fruchtfolgekrankheiten Kohlhernie und Kohlfliege bedroht. Daher ist eine weite Kulturfolge besonders wichtig.

Links oben: Rosenkohl bleibt bis spät in den Winter auf dem Beet und wird laufend geerntet.

Links unten: Ausgesprochen winterhart ist auch der Grünkohl. Er steht hier in Mischkultur mit Bohnen und anderen Kohlarten.

Kohlrabi *(Brassica oleracea* var. *gongylodes)*

Sorten:

Früh (Pflanzabstand 20×25 cm): 'Blaro' – blau, 'Lanro' – weiß, 'Azur Star' – blau, 'Primavera' – weiß. Alle diese Sorten sind schoßfest.

Sommer (30×30 cm): 'Delikateß weiß', 'Delikateß blau', 'Superschmelz' – weiß. Die Knollen dieser Sorte werden bis zu 8 kg schwer und bleiben dabei zart. Sie hat große Blätter, ist schoßfest und die großen Knollen bilden sich sehr schnell. Gesät wird im März, gepflanzt April–Mai im Abstand 60× 60 cm. 'Blusta' ist ein blauer Ganzjahreskohlrabi (früh, Sommer, Herbst) mit zarten Knollen. Letzter Aussaattermin 15. Juli.

Herbst (30×30 cm): 'Blauer Speck'.

Am besten pflanzt man alle 4 Wochen einen neuen Satz, alles übrige können Sie oben bei den Kopfkohlarten nachlesen.

Brokkoli und Blumenkohl *(Brassica oleracea* var. *italica* und *B. o.* var. *botrytis)*

Der Brokkoli ist ein Züchtungsvorläufer, also ein »Ahne« des Blumenkohls. Beide werden im Abstand von 50×50 cm ausgepflanzt.

Brokkoli-Sorten: 'Sperling's Sparko', 'Atlantic', 'Calabrese', 'Corvet F_1', 'Premier F_1'.

Blumenkohl-Sorten: 'Neckarperle' – Frühsommer und Herbst, 'Hormade' – lange Erntezeit, 'Malinus' – früh, nicht für den Herbst.

Alle übrigen Daten siehe Kopfkohl.

Rosenkohl *(Brassica oleracea* var. *gemmifera)*

Die Art ist eine Haupt- und Nachkultur mit Pflanztermin Ende Mai bis Anfang Juni, die das Beet bis tief in den Winter hinein besetzt hält. Pflanzweite 50×60 cm.

Sorten: 'Hild's Ideal', 'Citadel F_1', 'Abunda'.

Weiteres siehe Kopfkohlarten.

Grünkohl *(Brassica oleracea* var. *sabellica)*

Robust und frosthart eignet sich Grünkohl als Nachkultur, Pflanzung Ende Juni bis Ende Juli, Abstand je nach Sorte 40× 40 cm oder 50×50 cm.

Sorten, niedrig: 'Niedriger grüner krauser', 'Frosty'.

Mittelhoch: 'Lerchenzungen', 'Fribor F_1', 'Winterbor F_1'.

Hoch: 'Hoher grüner krauser'.

Auch hier sehen Sie alles Weitere bei den Kopfkohlarten nach.

Wurzelgemüse

Rettich und Radies *(Raphanus sativus)*

Der Wassergehalt der Rüben liegt zwischen 87 und 93 %, der Gehalt von Zukker zwischen 2 und 3 %, Fett 0,1 bis 0,2 %, Eiweiß 1 bis 2 %. Es sind die Mineralstoffe Kalzium, Phosphor und Eisen enthalten und die Vitamine B_1, B_2 und C. Geschmacksbildend ist wie bei den verwandten Kohlarten ein Senfölglykosid.

Radies sät man überall dort ein, wo für kurze Zeit Platz auf dem Beet frei wird.

Rechts: Die abgeernteten Mohrrüben, Sorte 'Nantaise', schaffen Raum für die schon anschwellenden Kohlköpfe, Weißkraut Sorte 'Marner Spät'.

Die Rübe besteht aus der verdickten Wurzel und dem verdickten Hypokotyl (Bindeglied zwischen Sproß und Wurzel). Das ist wichtig für den Pflanzrettichanbau: je länger das Hypokotyl der Setzlinge, desto länger wird später die Rübe. Optimal ist beim Verpflanzen eine Hypokotyllänge von 5 bis 6 cm. Japanische Sorten werden ohne diese Maßnahme 50 bis 60 cm lang. Es gibt Früh-, Sommer- und Herbstrettiche, sie und die Radieschen sind Langtagpflanzen, bei einer Tageslänge über 15 Stunden gehen sie in Blüte. Bei den japanischen Sorten liegt die kritische Tageslänge bei 12 Stunden.

Rettich-Sorten, früh (Saat März–Mai, auch unter Glas und Folie, unter Glas Anbau ab November bei Temperaturen tags 14 °C, nachts 10 °C möglich): 'Hild's Neckarruhm' (weiß und rot, 20×20 cm), 'Ostergruß rosa' (12×15 cm), 'Schifferstädter Mai' (12×15 cm), 'Münchner weißer Treib und Setz' (Pflanzrettich, 20×25 cm).

Sommer (Saat Mai–Juli): 'Halblanger weißer Sommer' (20× 25 cm), 'Mainkrone' (20×25 cm).

Herbstrettich: 'Minowase Summer Cross' (40×30 cm), 'Runder schwarzer' (20×25 cm), 'Münchner Bier' (20×25 cm).

Radies-Sorten für unter Glas und Folie: 'Saxa Treib', 'Rota', 'Neckarperle'.

Frühsommer: 'Cherry belle', 'Eiszapfen'.

Sommer: 'Champion', 'Riesenbutter', 'Stoplite', 'Sora'.

Diese Arten bilden durch ihre kurze Entwicklungszeit eine ideale Vor-, Zwischen- und Nachkultur. Besonders Radies (Standweite 6×8 cm) lassen sich überall unterbringen, wo Platz ist. Durch die Fruchtfolgekrankheiten Rettichschwärze und Kohlhernie kann aber eine langjährige Anbaupause (6 Jahre) erforderlich sein. Mineralische Düngermengen siehe Seite 35.

Rote Rübe *(Beta vulgaris)*

Inhaltsstoffe: 90 % Wasser, 1,4 % Eiweiß, 0,2 % Fett, die wichtigsten Mineralstoffe (Kalzium, Phosphor, Eisen), Vitamine B_1, B_2 und C.

Eigenschaften in der Fruchtfolge siehe Spinat.

Sorten: ‘Ägyptische Plattrunde’, ‘Rote Kugel’, ‘Forono’ – halblang und walzenförmig, Verbesserung von ‘Formanova’.

Anbau: Erster Satz Ende April, zweiter Satz zur Überwinterung Ende Juni. Es kann gesät oder gepflanzt werden. Die Jungpflanzenvorkultur dauert 6 Wochen. Särüben in einem Reihenabstand von 25 cm, Saatmenge 2 g/m², auf 10 cm in der Reihe vereinzeln. Pflanzrübenstandweite 25 × 10 cm. Sorten mit walzenförmigen Rüben sollten nicht gepflanzt werden wegen der bestehenden Verletzungsgefahr. Mineralische Düngung siehe Seite 35.

Möhre *(Daucus carota* ssp. *sativus)*

Inhaltsstoffe: 90 % Wasser, 1 % Eiweiß, 0,3 % Fett, bis zu 12 % Zucker (sortenabhängig). Vitamine: Vor allen Dingen Provitamin A (Carotin), daneben B_1, B_2 und C. Geschmacksbildend ist das Mohrrübenöl, Äpfelsäure, Asparagin und andere.

Früh- und Treibsorten: ‘Pariser Markt’, ‘Sperlings Suko’, ‘Frühbund’, ‘Erstling’, ‘Rotin’.

Im Freiland werden diese Sorten so früh wie möglich gesät, Ernte im Sommer. Im Gewächshaus kann Mitte August bis Anfang September gesät werden, Ernte Januar–Mai. Bei einer Gewächshaussaat im Januar–Februar erfolgt die Ernte im Mai–Juni. Temperaturen im Haus unter 10 °C, aber über 0 °C.

Sommersorten (Saat März–April, Ernte Spätsommer–Frühherbst): ‘Juwarot’, ‘Nantaise’, eine Sorte mit vielen Typen.

Spät- und Lagersorten (Saat April–Mai, Ernte Spätherbst. Zur Lagerung und Saftgewinnung): 'Rote Riesen', 'Rothild', 'Lange rote Stumpfe ohne Herz'.

Die Saat erfolgt an Ort und Stelle, doch ist es bei sehr wertvollen Flächen auch möglich, die Möhren in Jiffy-pots oder Multitopfplatten heranzuziehen. Reihenentfernung 20 bis 25 cm, Saatmenge 0,5 bis 0,6 g/m^2. Markiersaat mit Radies oder Salat macht die Reihen früh sichtbar (Keimdauer bei Möhren 2 bis 3 Wochen).

Wegen der Fruchtfolgekrankheiten Wurzelgallenälchen und Möhrenfliege muß eine langjährige Anbaupause eingehalten werden.

Außerdem sind die Möhren selbstunverträglich. Mineralische Düngung siehe Seite 35.

Blatt- und Wurzelpetersilie *(Petroselinum crispum* ssp. *crispum* und *P. c.* ssp. *tuberosum)*

Inhaltsstoffe: Kraut: 85 % Wasser, 4 % Eiweiß, 0,7 % Fett, 0,8 % Zucker, 7 % stickstofffreie Extraktstoffe. Vitamine: Provitamin A (Carotin), B_1, B_2, C. Geschmacksbildner ist das Petersilienöl, und zwar in den Blättern wie auch in der Wurzel. Letztere enthält außerdem noch Schleime, Zucker und Apiin. Mineralstoffe: Kalzium und Eisen.

Die Pflanze ist robust und läßt sich ganzjährig im Freiland anbauen, unter dem Schnee bleiben die Blätter auch den Winter über grün und nutzbar. Blattpetersilie kann man auch bei 12 °C im Winter im Gewächshaus kultivieren. Die Aussaat erfolgt im August, auch eine Vorkultur in Jiffy-pots oder Multitopfplatten ist möglich. Pflanzung im Abstand 20×20 cm im September. Kräftige Rüben der Wurzelpetersilie (Durchmesser zwischen 3 und 20 mm) werden nach der Rodung im Herbst, nachdem man nur die Herzblätter belassen hat, im Haus im Abstand 20×4 cm eingeschlagen. Auch in Töpfe gesetzt lassen sie sich antreiben und nutzen.

Petersilie ist völlig selbstunverträglich und eine sehr schlechte Vorfrucht. In der Kulturfolge ist sie eine Hauptfrucht.

Sorten der Blattpetersilie: 'Edelstein' (kraus), 'Darki' (kraus), 'Hamburger Schnitt« (einfach), 'Einfache Schnitt' (glatt).

Wurzelpetersilie: 'Halblange', 'Kurze Dicke', 'Lange Glatte'.

Die Kultur ist dieselbe wie bei den Frühmöhren. Reihenentfernung bei der Blattpetersilie 20 cm, bei der Wurzelpetersilie 25 cm. Saatmenge im Freiland 0,5 g/m^2, im Gewächshaus 0,7 g/m^2.

Knollensellerie *(Apium graveolens* var. *rapaceum)*

Inhaltsstoffe: 84 % Wasser, 1,5 % Eiweiß, 0,3 % Fett, 0,8 % Zucker und 8 % stickstofffreie Extraktstoffe. Kraut und Samen enthalten ein ätherisches Öl, dessen Geruch von Sedanolid bestimmt wird, es ist bei dieser Pflanzenart der Geschmacksbildner. Das Kraut ist wasserreicher als die Knolle.

Der Wärmebedarf ist nicht groß, doch bewirken Spätfröste das Schossen. Die Knollen dürfen auch nicht gefrieren.

Die Reihenmischkultur mit Pastinak, Rotkohl und Sellerie ergibt kurz vor der Ernte einen dicht geschlossenen Bestand.

Sellerie ist selbstunverträglich, auch gegen andere Doldenblütler ist er empfindlich. Fruchtfolgekrankheiten sind die Blattfleckenkrankheit, der Schorf und Älchen. Sonst besitzt Sellerie einen guten Vorfruchtwert.
Die Art ist eine Hauptkultur.
Knollensellerie-Sorten: 'Alba', 'Monarch', 'Apia', 'Hild's Neckarland'.
Eine Jungpflanzenvorkultur ist in jedem Fall erforderlich, sie dauert 6 bis 8 Wochen bei 20 °C. Am besten wird sie in Töpfen durchgeführt. Pflanzung Ende Mai–Anfang Juni, Abstand 40× 40 cm. Sellerie braucht viel Humus und viele Nährstoffe. Mineralische Düngung siehe Seite 35.

Schwarzwurzel *(Scorzonera hispanica)*

Inhaltsstoffe: 80 % Wasser, 1 % stickstoffhaltige Stoffe, 0,5 % Fett, 2,2 % Zucker, 12,6 % stickstofffreie Extraktstoffe. Ferner ist das Glykosid Coniferin enthalten, außerdem Asparagin, Mannit, im Frühling auch Lävulin.
Sorten: 'Hoffmann's Schwarze Pfahl', 'Einjährige'.
Schwarzwurzeln sind frostresistent. Die Aussaat erfolgt im Frühling so bald

Mischkulturen müssen sich nicht immer nur aus Gemüsearten zusammensetzen. Auch Zierpflanzen und obsttragende Sträucher lassen sich integrieren.

wie möglich ins Freie. Der Reihenabstand beträgt 30 cm, Saatmenge 1,5 g/m^2, in der Reihe wird auf 5 cm Abstand verzogen. Die Schwarzwurzel ist eine Hauptfrucht, deren Wurzeln ziemlich weit nach unten reichen. Beachten Sie das bitte bei der Mischkultur, bei Hügel- und Hochbeeten.

Sonstige Arten

Gemüsemais, Zuckermais *(Zea mays* convar. *saccharata)*

Er enthält viel Dextrin und Zucker im Gegensatz zur Stärke im Samenkorn von Futtermais. Mais ist ein einjähriges Gras. Bei der einhäusigen Pflanze stehen die männlichen Blüten als Rispe an der Spitze der Pflanze, die weiblichen wachsen seitlich als Kolben.

Sorten: 'Aztec', 'Honeycomb F_1', 'Sweet 77', 'Sperling's Goldprinz'.

Zuckermais ist frostempfindlich, deshalb kann ohne Folienschutz in das Freiland nicht vor Mitte Mai gepflanzt werden. Jungpflanzenvorkultur bei 20 °C, 2 bis 3 Samenkörner kommen in einen 10-cm-Topf. Die Entfernung beträgt 50 × 30 cm, nach dem Anwachsen wird auf einen Setzling pro Pflanzstelle vereinzelt. Puffmais ist ein naher Verwandter, er wird trockenreif im September geerntet.

Mais ist selbstverträglich, der Vorfruchtwert ist gut, Fruchtfolgekrankheiten sind nicht bekannt. Ein gut mit Humus und Nährstoffen versorgter Boden wirkt sich positiv aus, Stallmistgaben sind günstig. Mineralische Düngung siehe Seite 35. Krankheiten sind nicht zu befürchten.

Gartenerdbeere und Monatserdbeere *(Fragaria × magna* und *F. vesca* var. *semperflorens)*

Sorten der Gartenerdbeere: 'Senga Sengana', 'Senga Precosa', 'Hummi Grande'.

Monatserdbeeren: 'Rügen Selecta', 'Superba von Derental', 'Sperling's Bowlenzauber'.

Monatserdbeeren sät man Anfang März in Schalen, pikiert büschelweise und pflanzt im Abstand 25 × 30 cm Mitte April. Auch im Fachhandel werden Jungpflanzen von Monatserdbeeren angeboten.

Setzlinge von Gartenerdbeeren gibt es im Spätsommer–Frühherbst ebenfalls überall zu kaufen, Sie können aber bei einer schon vorhandenen Erdbeerkultur über Sommer die Ausläufer zur Bewurzelung bringen (Torfschicht zwischen den Reihen). Die Pflanzung erfolgt Mitte August im Abstand 80 × 30 cm, die Erde muß humus- und nährstoffreich sein. Die mineralische Grunddüngung beträgt 80 g/m^2 Blauvolldünger, im zeitigen Frühjahr wird die erste Kopfdüngung mit 30 g/m^2 desselben Düngemittels gegeben. Zweite Kopfdüngung nach der Ernte mit 50 g/m^2 Blauvolldünger, dritte Kopfdüngung nach 4 Wochen, ebenfalls 50 g/m^2 Blauvolldünger. Reichliches Wässern, besonders zur Zeit der Fruchtbildung, ist erforderlich.

Erdbeeren bleiben höchsten 2 bis 3 Jahre in Kultur, dann nimmt der Ertrag rapide ab. Einjährige Kulturen bringen die besten Qualitäten, zweijährige die höchsten Erträge. Fruchtfolgekrankheiten sind Älchen und Viren,

Kräuter im Gemüsebeet locken Insekten an und beugen damit der Ausbreitung von Schädlingen vor. Dill und Borretsch werden direkt auf das Beet ausgesät.

Rechte Seite: In Mischkultur wachsen Karotten, Knoblauch, Wurzelpetersilie Kopfsalat und Kohlrabi im Wechsel sowie rechts im Bild Schalerbsen.

deshalb bilden Erdbeeren keine gute Vorfrucht, sind jedoch selbstverträglich. Eine langjährige Anbaupause ist infolge dieser Krankheiten und Schädlinge zu empfehlen.

Schwarze Mulchfolie oder Strohmulch wirken sich günstig aus, die Früchte bleiben sauber und die wichtigsten Krankheiten, nämlich Erdbeermehltau und Grauschimmel bleiben unter Kontrolle.

Mit Hilfe von Folientunnels (ab März) läßt sich die Erdbeerernte um 2 bis 3 Wochen verfrühen. Zur Sicherstellung der Befruchtung müssen aber die Stirnseiten tagsüber geöffnet bleiben.

Kräuter

Heil- und Gewürzkräuter dienen nicht nur dem Menschen. Viele Insekten und Kleintiere brauchen diese Pflanzen mit ihren oft attraktiven Blüten und ihrem Duft als Futterpflanzen und als Lebensraum. Auch die Gesundheit benachbarter Kulturpflanzen wird durch Kräuter gefördert.

Die Botaniker bezeichnen als Kräuter nur ein- oder zweijährige Pflanzen. Zu unseren inhaltsstoffreichen »Kräutern« zählen aber auch viele Mehrjährige. Sie kommen für die Mischkultur und für das Hügel- und Hochbeet infolge ihrer langen Kulturdauer weniger in Frage.

Im April direkt auf das Beet gesät werden Borretsch, Dill, Kamille, Kresse, Kerbelkraut, Ringelblume, Petersilie. Eine Vorkultur, ähnlich wie Tomaten, brauchen Basilikum und Bohnenkraut. Sie pflanzt man dann Mitte Mai auf das Beet.

Mischsaat und Mischkultur auf Normalbeeten

Anlagemethoden

Um die Versorgung mit Gemüse das ganze Jahr über sicherzustellen, rechnet man pro Person mit einem Bedarf von 40 Quadratmetern Gartenland. Mit 200 Quadratmetern, also 2 Ar, läßt sich eine fünfköpfige Familie gut »durchfüttern«. Gemüse braucht Sonne, Windschutz ist bei offenen Lagen erforderlich, doch eine »Bruthitze« sollte sich aber auch nicht entwickeln, sonst werden Schädlinge und Krankheiten zu sehr gefördert. Jeder Teil des Gartens muß mit einem 20-Meter-Schlauch erreichbar sein, ein 60 bis 100 cm breiter Mittelweg, der fest mit Platten oder einer wassergebundenen Decke ausgebaut ist, muß unbedingt vorhanden sein. Ein seitliches Gefälle sollte für guten Wasserabzug sorgen.

In den vorhergehenden Kapiteln dieses Buches haben wir uns recht eingehend mit den Eigenschaften und den Kulturmethoden der einzelnen Gemüsearten beschäftigt. Nun ist es an der Zeit, in die Praxis zu gehen und zu zeigen, welche Gemüsearten mit welchen Eigenschaften am besten zueinander passen.

Wir pflanzen zusammen:
- Stark- und Schwachzehrer
- Langlebige und kurzlebige Kulturen
- Tiefwurzler und Flachwurzler
- Wärmebedürftige Arten werden von robusteren Gewächsen geschützt
- Wasserbedürftige Arten sollten zusammen wachsen
- Windempfindliche Gemüse stehen zwischen hohen, robusten Arten, die Schutz geben

– Bodenverdichtende Arten (zum Beispiel Wurzelpetersilie) wachsen zwischen Arten mit reichlicher Wurzelmasse (zum Beispiel Porree)
– Zwischen Arten mit großem Standraumbedarf setzt man zu Beginn der Kulturperiode kurzlebige Gemüse mit geringem Platzbedarf. Die Reihenabstände richten sich hier nach dem Platzbedarf der »großen Arten«, die »Kleinen« sind Lückenfüller
– Gänsefußgewächse (Runkelrübe, Zuckerrübe, Rote Rübe, Spinat, Mangold, Melde) dürfen nie beieinander stehen. Die gegenseitige Beeinflussung durch Blatt- und Wurzelausscheidungen wirkt sich hier stark negativ aus. Sämtliche Kreuzblütler (alle Kohlarten, Rettich, Radies, Meerrettich, Gartenkresse) dürfen nicht miteinander oder nacheinander angebaut werden, die Schädlingsgefahr würde sonst lawinenartig zunehmen
– Im Biogarten wird man sich nach den ab Seite 12 gezeigten Verträglichkeitslisten richten.

Sie können nun vom Mittelweg aus die 1,20 oder 1,30 Meter breiten Beete, mit 30 bis 40 cm Weg dazwischen abtreten oder auch Reihenmischkulturen ohne Weg nach Gertrud Franck anlegen. Bei ersteren wird bei den Kulturarbeiten der Boden nicht betreten und daher auch nicht verdichtet, bei letzteren spart man Platz.

Wie Sie sehen, bleibt es Ihnen und den Möglichkeiten Ihres Gartens überlassen, welche Methode Sie anwenden wollen. Keineswegs läuft alles nach »Schema F«, allgemeingültige Anbaurezepte lassen sich nicht aufstellen.

Planungsvorschlag für Mischkulturen auf Flachbeeten.

Oben: Beet 1 beginnt mit einer Vorkultur im August des Vorjahres.

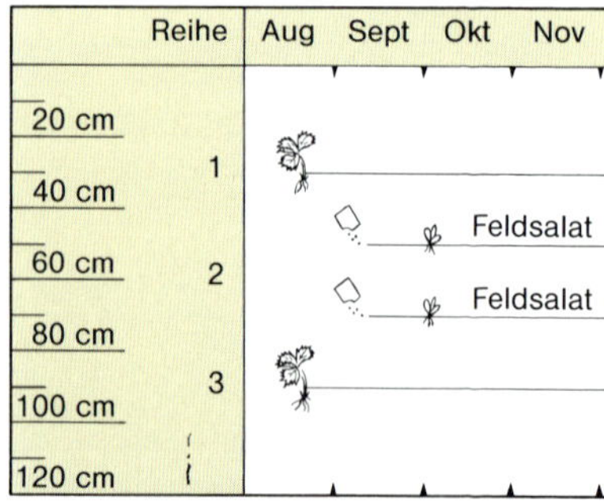

Planungsvorschläge für Mischkulturen auf Flachbeeten

Beet 1 wird folgendermaßen bestellt:
1. Reihe Erdbeeren
2. Reihe Kohlrabi
3. Reihe Erdbeeren

Im August des Vorjahres wurden die Erdbeeren gepflanzt. Bei Aussaat Anfang September kann der mittlere Zwischenraum mit 2 Reihen Feldsalat oder Spinat genutzt werden, die man den Winter über bis hin in den zeitigen Frühling erntet. Im April werden Kohlrabi oder Puffbohnen gepflanzt, deren Ernte im Juni erfolgt, Erdbeerernte im Juli. Danach wird die Kultur abgeräumt und Gründüngung ausgesät.

Beet 2
1. Reihe Schnittsalat
2. Reihe Frühmöhren mit Radies
3. Reihe Zwiebeln
4. Reihe Frühmöhren mit Radies
5. Reihe Schnittsalat

Sämtliche Arten werden im März ausgesät. Der Schnittsalat wird kurz

Unten: Beet 2. Kurzlebige Kulturen wie Schnittsalat und Kerbel werden innerhalb einer Vegetationsperiode mehrmals hintereinander ausgesät.

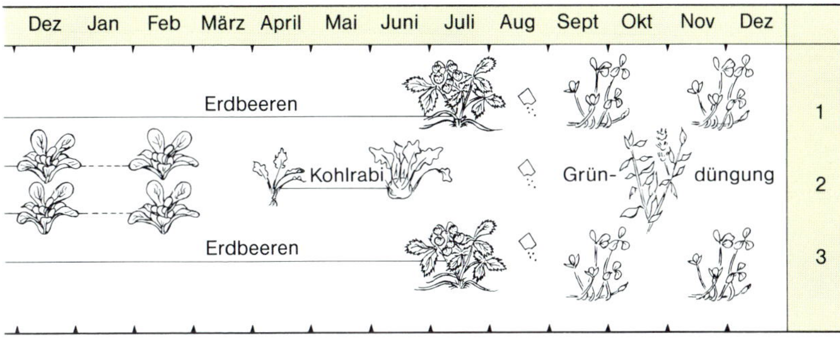

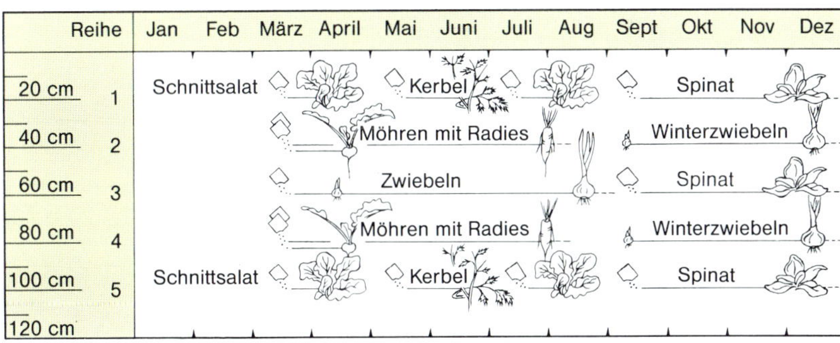

nach dem Auflaufen geerntet und kann durch Kerbelkraut ersetzt werden. Es kann ein ständiger Wechsel zwischen Kerbelkraut und Schnittsalat erfolgen, bis Ende August die Zwiebeln geerntet werden. Die Radies zwischen den Frühmöhren (Zwischensaat) kommen etwa 5 Wochen nach der Saat auf den Tisch, die Möhren sind im Juli–August fertig abgeräumt. Ab August:

1. Reihe Spinat
2. Reihe Winterzwiebeln
3. Reihe Spinat
4. Reihe Winterzwiebeln
5. Reihe Spinat

Die Ernte erfolgt hier ständig den ganzen Winter über bis in das zeitige Frühjahr hinein.

Beet 3

1. Reihe niedrige Erbsen, später Knollenfenchel
2. Reihe Puffbohnen, später Rosenkohl
3. Reihe niedrige Erbsen, später Kopfsalat

Die niedrigen Erbsen, also Palerbsen, die in der ersten und dritten Reihe stehen, werden Ende März gesät. Besser setzt man in Töpfen vorkultivierte Pflanzen. Die Ernte erfolgt im Juni. Da-

Auch in der Mischkultur braucht jede Pflanze Platz genug für ihre Entwicklung. **Porree, Kohlrabi, Fenchel und krausblättriger Kopfsalat stehen auf diesem Beet etwas dicht.**

nach pflanzt man auf die erste Reihe im Topf vorkultivierten Knollenfenchel mit 25 cm Abstand, in die dritte Reihe kommt Kopfsalat, ebenfalls mit 25 cm Abstand.

Schon Anfang März kommen in die zweite Reihe, die Mittelreihe also, im Topf vorkultivierte Puffbohnen. Der Abstand der Einzelpflanzen in der Reihe beträgt hier 15 bis 20 cm. Ende Mai bis Anfang Juni erntet man diese Bohnen und pflanzt anschließend in die Mittelreihe Rosenkohl mit 50 cm Abstand. Die Rosenkohlernte zieht sich über den ganzen Winter hin. Der Kopfsalat in der dritten Reihe war im August–Anfang September erntefertig, der Knollenfenchel in der ersten Reihe Ende Oktober–Anfang November. Im November beginnt dann meist schon die Rosenkohlernte.

Beet 4

Den Winter über bis Mitte Mai stand auf dem Beet Wintergründungung. Ab Mitte Mai, also nach den Eisheiligen, beginnen wir mit der Bestellung:

1. Reihe Zuckermais
2. Reihe Gurken
3. Reihe Zuckermais

Oben: Beet 3. Der Rosenkohl kann bis in den Winter hinein geerntet werden.

Unten: Beet 4. Eine Gründüngung geht den Hauptkulturen Zuckermais und Gurken voraus.

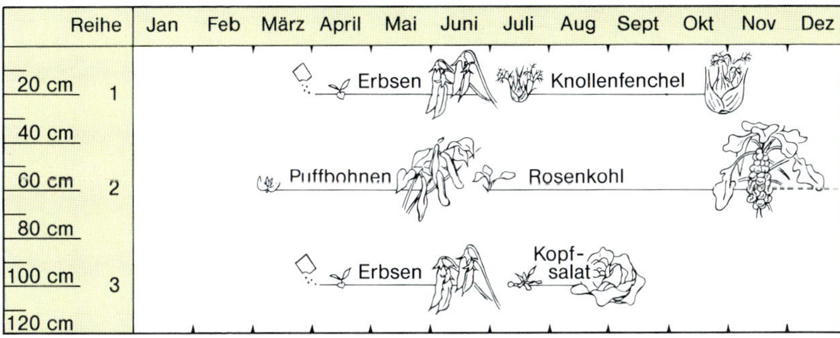

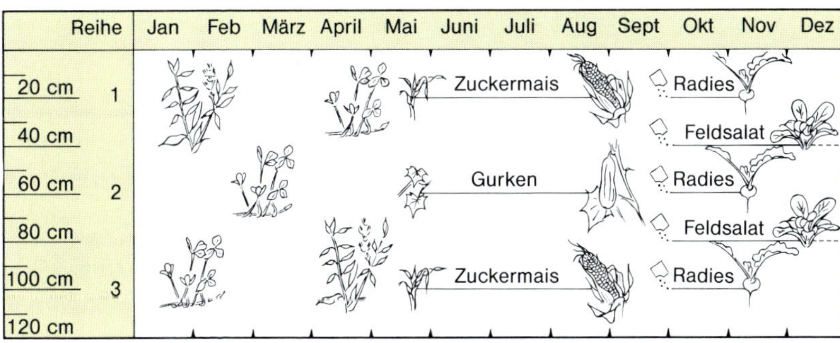

Ende August–Anfang September sind Mais und Gurken geerntet, wir säen dann in einem Reihenabstand von 20 cm Radies und Feldsalat. Die Ernte der Radies erfolgt im Herbst, die des Feldsalates in den Wintermonaten.

Beet 5

1. Reihe Petersilie
2. Reihe Frühsalat
3. Reihe Rettich
4. Reihe Frühsalat
5. Reihe Petersilie

Die Petersilie sobald wie möglich Anfang März säen. Frühsalat und Rettich pflanzt man spätestens Ende März. Für diese beiden Kulturen ist der Einsatz von Flachfolie sehr zu empfehlen. Die Ernte der Gemüsearten auf Reihe 2, 3 und 4 erfolgt Mitte bis Ende Mai, dann pflanzt man in Reihe 3 mit 50 cm Abstand Tomaten. Mitte Oktober läßt sich nichts mehr von den Tomaten holen, die Pflanzen werden abgeräumt, sie können – sofern das Kraut gesund ist – als Mulch auf dem Boden liegenbleiben. Die Petersilie liefert den ganzen Winter über frisches Grün.

Oben: Beet 5. Früher Kopfsalat wird zwischengepflanzt. Nach der Ernte benötigen die Tomaten den Standraum. **Unten: Beet 6. Erbsen, gefolgt von Spätkohl, wachsen zwischen den Mangoldreihen. Der Mangold wird noch im Winter beerntet.**

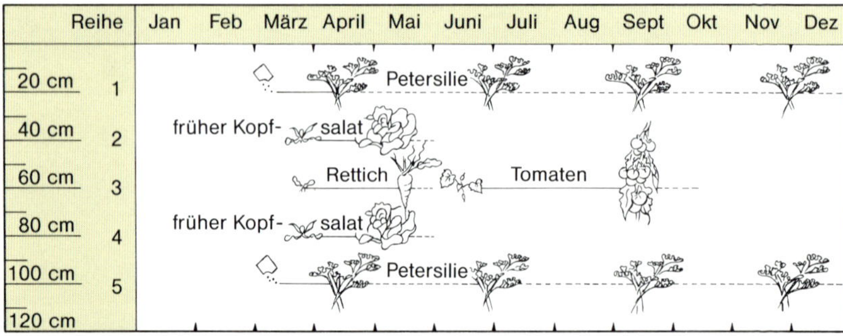

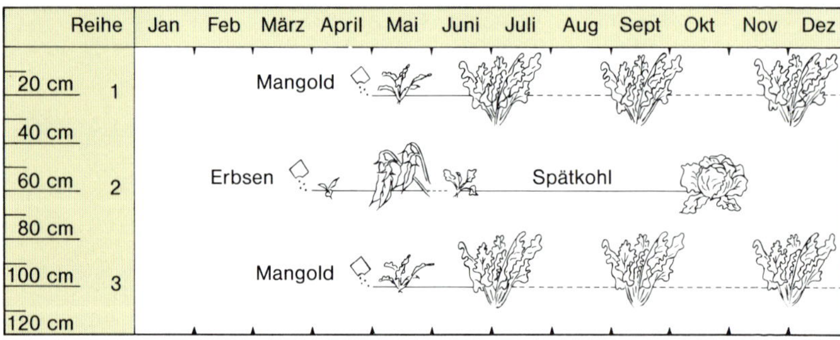

Beet 6

1. Reihe Mangold
2. Reihe bis Mitte Juni niedrige Erbsen, danach Spätkohl
3. Reihe Mangold

Mangold sät man Ende April oder pflanzt in Töpfen vorkultivierten Pflanzen mit 25 cm Abstand. Ende März hat man schon in die Mittelreihe niedrige Erbsen gesät. Sind sie abgeerntet, kommt Mitte Juni an ihre Stelle eine Reihe Spätkohl. Mangold läßt sich mit Reisig als Schutz den Winter über halten, der Spätkohl wird spätestens Anfang November in das Winterlager gebracht. Eine Mulchdecke zwischen den Mangoldreihen tut gute Dienste.

Beet 7

1. Reihe Winterspinat, danach Winterendivien
2. Reihe Frühkartoffeln, danach Winterendivien
3. Reihe Frühkartoffeln, danach Winterendivien
4. Reihe Winterspinat, danach Winterendivien

Den Winterspinat sät man Ende August–Anfang September, er bleibt den Winter über auf dem Beet, zwischen

Oben: Beet 7. Winterendivien kommen nach Frühkartoffeln.

Unten: Beet 8. Früher Kopfsalat geht dem frostempfindlichen Neuseeländer Spinat voraus. Dieser wird erst nach den Eisheiligen ausgepflanzt.

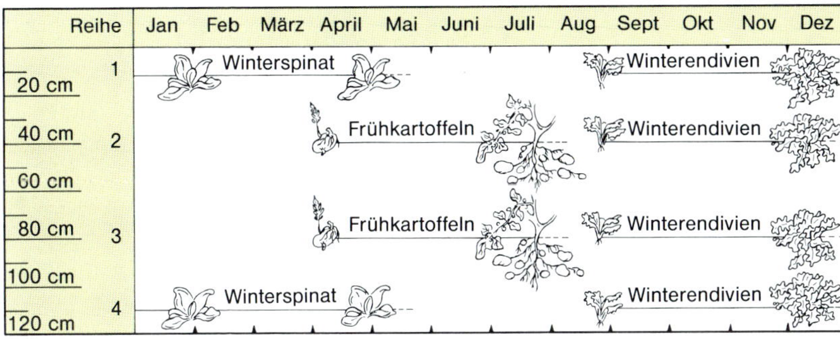

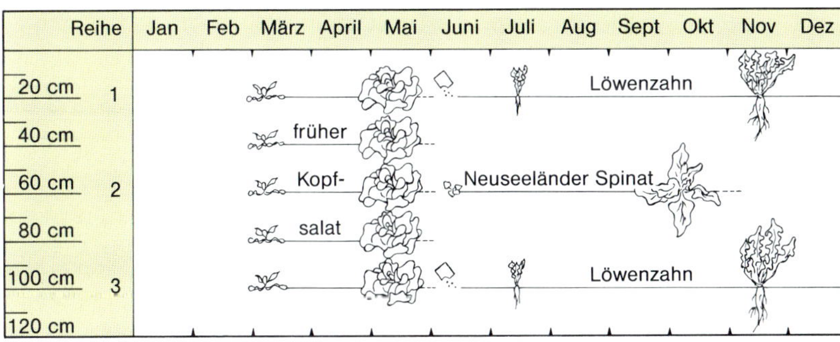

den beiden randständigen Spinatreihen liegt Mulch. Die vorgekeimten, eventuell vorgetriebenen Frühkartoffeln werden Anfang April gesetzt, und zwar unter Flachfolie oder Vlies. Die Spinaternte ist spätestens Mitte Mai beendet, die Kartoffelernte Ende Juli–Anfang August. Danach setzt man 4 Reihen Winterendivien auf das Beet. Die Entfernung in der Reihe beträgt 30 cm.

Beet 8

1. Reihe Löwenzahn
2. Reihe Neuseeländer Spinat
3. Reihe Löwenzahn

Mitte bis Ende Mai steht auf diesem Beet unter Flachfolie kultivierter Frühsalat im Abstand 20×20 cm, das sind 5 Reihen.

Danach wird in die beiden Randreihen Löwenzahn gesät und in die Mittelreihe im Abstand von 60 cm vorkultivierter Neuseeländer Spinat gesetzt. Ersterer bleibt den Winter über auf dem Beet, um im Frühling gebleicht und getrieben zu werden. Neuseeländer Spinat ist frostempfindlich, hier dürfte die Ernte mit den ersten Frösten im Herbst beendet sein. Vielleicht läßt sie sich mit Hilfe von Folientunnels noch einige

Oben: Beet 9. Eine Wintergründüngung hält das Beet den Winter über bedeckt und bereichert den Boden mit organischem Material.

Unten: Beet 10. Frühkohl, unter Flachfolie angebaut, ist bereits im Juni erntereif. Danach folgen Buschbohnen und Zuckerhut.

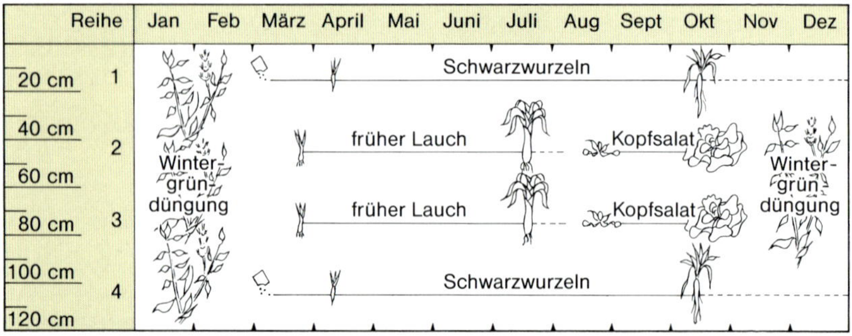

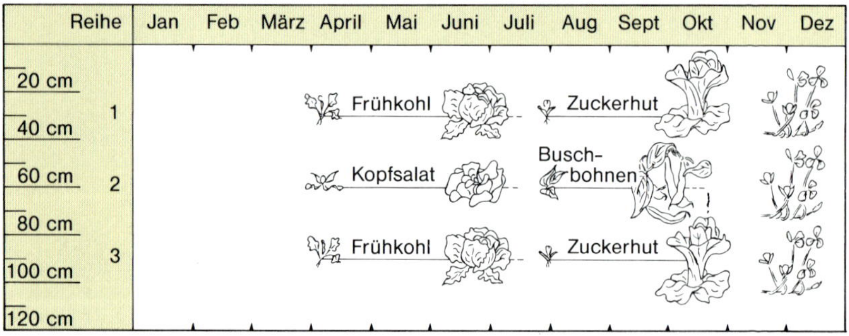

Wochen hinauszögern. Danach gibt man Mulch zwischen die Löwenzahnreihen.

Beet 9

1. Reihe Schwarzwurzeln
2. Reihe früher Lauch
3. Reihe früher Lauch
4. Reihe Schwarzwurzeln

Nachdem über den Winter Wintergründüngung auf dem Beet gestanden hat, sät man die Schwarzwurzeln Anfang März. Der Frühporree wird Ende März in einer Entfernung von 15 cm gesetzt.

Während die Schwarzwurzeln bis tief in den Herbst hinein auf dem Beet bleiben und dort sogar überwintern können, erfolgt die Ernte des frühen Porree Ende Juli–Anfang August. Danach können zwei Reihen Herbst- Kopfsalat in die von Porree freigemachten Reihen gesetzt werden. Im Winter steht Wintergründüngung auf der Mittelfläche.

Beet 10

1. Reihe Frühkohl unter Flachfolie, danach Zichorie ‘Zuckerhut’
2. Reihe Frühsalat unter Flachfolie, danach Buschbohnen

Oben: Beet 11. Kohlrabi und später Buschbohnen begleiten die Dauerkultur Rhabarber, solange dieser noch klein ist.

Unten: Beet 12. Sellerie und Stangenbohnen setzt man erst Mitte Mai, wenn keine Spätfröste mehr drohen. Eine vorherige Bedeckung des Beetes mit Gründüngung bietet sich an.

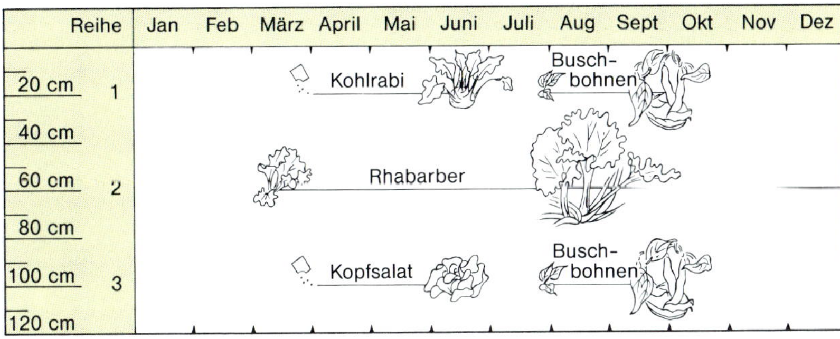

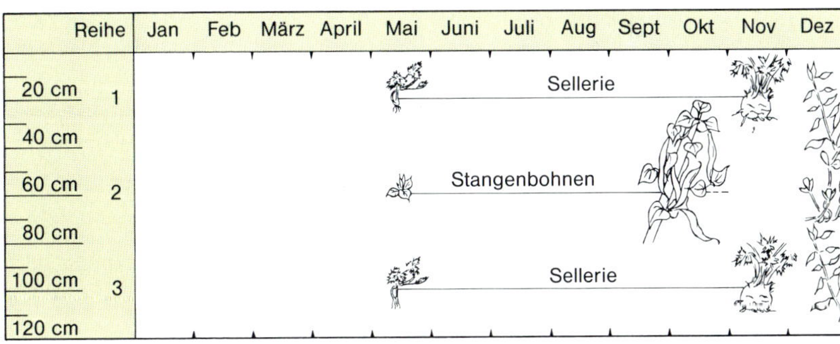

3. Reihe Frühkohl unter Flachfolie, danach Zichorie 'Zuckerhut'

Frühkohl und Frühsalat werden Anfang April gepflanzt, die Ernte ist im Juni–Juli vorbei. Zichorie 'Zuckerhut' setzt man mit 35 cm Abstand im Anschluß an das Frühkraut in die Randreihen; in der Mitte stehen dann mit 40 cm Abstand Buschbohnen. Die Buschbohnenernte ist mit Frostbeginn beendet: eventuell läßt sie sich noch mit Hilfe eines Folientunnels bis Mitte Oktober hinauszögern. Dann ist auch die Zichorie 'Zuckerhut' erntereif und anschließend wird in das Beet Wintergründüngung eingesät. Sollte diese infolge des späten Saattermins nicht mehr zu befriedigender Ausbildung kommen, ist zusätzlich leichter Mulch zu empfehlen.

Beet 11

1. Reihe Salat oder Kohlrabi, anschließend Buschbohnen
2. Reihe Rharbarber
3. Reihe Salat oder Kohlrabi, anschließend Buschbohnen

Die Ränder des mit den ausdauernden Rhabarberpflanzen besetzten Beetes können mit Salat oder Kohlrabi und

Beet 13. Winterporree wie auch der Radicchio können den Winter über auf dem Beet bleiben.

Rechts: Bei einer richtig durchgeführten Mischkultur und Fruchtfolge werden die abgeernteten Reihen gleich wieder mit Folgekulturen besetzt.

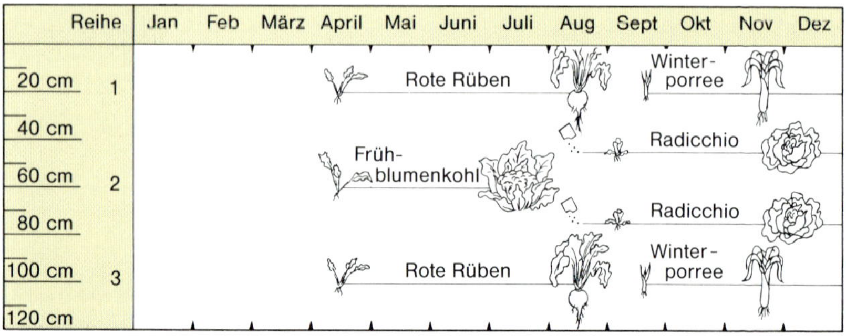

– wenn die Rhabarberpflanzen noch klein sind – anschließend mit Buschbohnen besetzt werden.

Beet 12

1. Reihe Sellerie
2. Reihe Stangenbohnen
3. Reihe Sellerie

Mitte Mai werden die vorgezogenen Setzlinge, und zwar sowohl die des Sellerie als auch die der Bohnen gepflanzt. Der Pflanzabstand beträgt für Sellerie 40 cm, bei Stangenbohnen 100 cm. Spätestens Ende Oktober räumt man die Bohnen ab, Mitte November kommt der Sellerie in das Winterlager. Danach kommt Mulch oder Wintergründüngung auf das Beet.

Beet 13

1. Reihe Rote Rüben, anschließend Winterporree
2. Reihe Frühblumenkohl, anschließend Radicchio
3. Reihe Rote Rüben, anschließend Winterporree

Mitte April pflanzt man die Roten Rüben, die dann schon im August geerntet werden können. Der Abstand in der Reihe beträgt 10 cm. Anschließend setzt man in die beiden Randreihen Winterporree, der im Winter auf dem Beet bleibt, mit einem Abstand von 15 cm in der Reihe. Der Frühblumenkohl wird ebenfalls Mitte April gesetzt mit 40 cm Abstand in der Reihe. Ernten kann man die Blumen im Juli. Danach sät man in die Mitte des Beetes 2 Reihen Radicchio mit 30 cm Abstand, Entfernung nach dem Verziehen in der Reihe 10 cm. Von einigen Reisigästen geschützt, bleiben Winterporree und Radicchio den ganzen Winter auf dem Beet. Spätestens im April sind die Beete dann frei für einen neuen Anbau.

Es ist nun möglich, zwischen die Gemüsearten, wo irgendwie Platz bleibt, Gewürzpflanzen zu setzen oder zu säen, zum Beispiel Dill, Borretsch oder Basilikum zwischen Gurken, Bohnenkraut zwischen Bohnen, Kamille, Kresse, Kerbelkraut und Ringelblume als sonstige Lückenfüller. Zu diesem Zweck eignet sich auch Gelbsenf. Achten Sie aber bitte darauf, daß sich die Kreuzblütler nicht zu nahe kommen. Knoblauch läßt sich in der Mischkultur wie

Auch die Kräuter sollte man immer wieder bei der Mischkultur mitberücksichtigen. Borretsch steht hier zwischen Pflücksalat, Spinat und Möhren.

Steckzwiebeln einsetzen. Auch die Kultur ist dieselbe.

Wie sieht es aber mit der Fruchtfolge aus? Welche Mischkulturen kann man aufeinander folgen lassen? Hier die Antwort:
nach Beet 8 folgt Beet 1,
auf Beet 9 folgt Beet 2,
auf Beet 10 folgt Beet 3,
auf Beet 12 folgt Beet 5,
auf Beet 7 oder 4 kann Beet 6 folgen,
Beet 13 folgt nach Beet 8.

Reihenmischkultur nach Gertrud Franck

Gertrud Franck aus Oberlimpurg entwickelte die Reihenmischkultur. Von einem Mittelweg ausgehend, werden keine Beete abgetreten, sondern ganz einfach Reihen gezogen und diese besät und bepflanzt. Zuerst sät man auf dem ganzen Gartenland Spinat ein, der durch gute Durchwurzelung die besten Voraussetzungen für die Folgekulturen geben soll. Die Hacke schafft dann Platz für die Gemüsereihen, auf den Trittstellen bleibt der Spinat stehen. Nun wird alle zwei Meter eine »Hauptreihe« (= A-Reihe) mit langlebigen Gemüsearten (= Hauptkulturen) bestellt. Zwischen diesen A-Reihen liegen in 1 m Abstand von diesen die B-Reihen, sie sind mit Vor- und Nachkulturen bestellt, bringen also zwei Ernten pro Jahr. Und zwischen A- und B-Reihen befinden sich in 50 cm Abstand die C-Reihen, die mit kurzlebigen Gemüsearten, also zum Beispiel mit Rettich, Radies, diversen Salaten und ähnlichem bebaut sind. Hier erzielt man drei Ernten pro Jahr. Auf allen nicht genutzten Reihen steht immer Gründüngung, zwischen den Reihen befindet sich Mulch. Jährlich verschieben sich die Reihen um 25 cm nach rechts oder links, dadurch ist eine geregelte Fruchtfolge gesichert. Natürlich müssen bei dem Zusammenstellen der Arten dieselben Grundlagen wie bei der Beet-Mischkultur berücksichtigt werden, wie ich sie ausführlich dargelegt habe.

Hügelbeete

Technische Anlage

Wie wir schon weiter vorne in diesem Buch gesehen haben, ist jedes Hügelbeet eine Art bepflanzter Komposthaufen, dessen Wärme- und Nährstoffproduktion für unsere Kulturen genutzt werden soll.

Die Idee der Hügelkultur an sich ist übrigens recht alt. Aus der Bronzezeit sind uns die sogenannten »Hochäcker« überliefert, die man damals aus arbeits- oder bewässerungstechnischen Gründen so angelegt hat. Auch indem man die oft dünne Schicht Mutterboden durch Aufschütten geeigneten Materials verbesserte, entstanden Hochbeete. Und seit Vorzeiten ziehen die Chinesen ihr Gemüse auf erhöhten Beeten, weil dort die Erwärmung und die Dränage des Bodens besser sind als im Flachbeet. Allerdings muß in Trockenzeiten auf erhöhten Kulturflächen für mehr Wassernachschub gesorgt werden.

Hochäcker gab es im Mittelalter auch in der Lombardei, wo man Flußsedimente auf die Äcker warf. In Deutschland wandte man dieses Verfahren an, um bei hohem Grundwasserstand die Pflanzenwurzeln aus der Nässe herauszuhalten.

Eine Hügelkultur ist arbeitsaufwendig, ein Maschineneinsatz ist nicht möglich. Deshalb läßt sich diese Kulturmethode nur im Freizeitgarten mit der aus Freude am gärtnerischen Tun vorhandenen kostenlosen Arbeitskraft durchführen.

Hügelbeete haben eine um 5 bis 8 °C erhöhte Bodentemperatur, sie bieten durch den »warmen Fuß« eine längere Vegetationszeit. Durch die Neigung der Kulturfläche ist der Lichteinfall besser, deshalb können die Reihen etwas enger sein. Die Fläche wird dadurch sehr intensiv genutzt, auch dieses Argument spricht für die Anwendung im kleinen Garten. Durch die Wärmeerzeugung läßt sich die Hügelbeetkultur besonders vorteilhaft in rauheren Klimagebieten durchführen.

Hügelbeete sind besser durchlüftet als Flachbeete. Das wirkt sich in Regenzeiten positiv aus, in Trockenzeiten dagegen muß besonders oft und sorgfältig bewässert werden. Ist der Hügel nämlich ausgetrocknet, gibt es langanhaltende Pflanzenschäden und wir haben Schwierigkeiten, ein ausreichendes Feuchtigkeitsniveau wieder herzustellen. Will man mit starkem Wasserstrahl gießen, schwemmt die Erde nach unten und wir können unter Umständen den ganzen Aufbau zerstören. Günstig hat sich in diesem Zusammenhang die Installation einer Tröpfchenbewässerung erwiesen. Jeder Pflanze wird das Wasser ständig in kleinen Mengen zugeführt. Die Feuchtigkeit verteilt sich im Boden, die Oberfläche bleibt weitgehend trokken und frei von Verkrustung. Auch Verdunstungsverluste entfallen.

Ein Hügelbeet muß 1,80 m breit sein, die Länge ist beliebig. Unter einer Länge von 4 m aber sollte man erst gar nicht anfangen, sonst wird der Hügel zu klein für einen wirksamen Abbau der vorhandenen organischen Stoffe. Verläuft das Hügelbeet in Nord-Süd-Richtung, werden beide Seiten gleichmäßig besonnt. Ist das Beet jedoch in Ost-West-Richtung angelegt, kann man einen warmen »Südhang« simulieren. Auf die Nord-

Durch seine Wölbung ergibt das Hügelbeet eine etwas größere Kulturfläche als das Flachbeet auf gleicher Grundfläche.

seite setzt man dann robuste Gemüsearten.

Wir legen das Hügelbeet im Herbst an, damit es sich den Winter über setzt und der Abbauvorgang schon beginnt. Der Umfang des fruchtbaren Hügels wird ausgemessen und abgesteckt. War vorher Gras auf der Fläche, werden die Soden vorsichtig ausgestochen und beiseite gelegt. Man hat auch, ehe mit dieser Arbeit begonnen wurde, alle benötigten Materialien herangeschafft und in günstiger Entfernung gelagert. Auch Grassoden, wenn sie nicht sowieso anfallen.

Ist die Grasschicht entfernt, gräbt man innerhalb der abgesteckten Umrisse eine Vertiefung von 25 cm aus. Auch die ausgehobene Erde wird sorgfältig gelagert, sie dient später, zusammen mit gesiebtem Feinkompost, als oberste Bodenschicht. Als Schutz vor Wühlmäusen legt man ein rostfreies, verzinktes oder kunststoffummanteltes Drahtgeflecht, 1,5×1,5 cm Maschenweite, in die Grube.

Dann häuft man in der Mitte (ausmessen!) einen Kern auf, der 40 bis 50 cm hoch und 60 cm breit ist, das sind 30 cm auf jeder Seite der Mittellinie. Diese Linie mit dem sich jetzt aufbauenden Kern zieht sich über die ganze Beetlänge, an den Stirnseiten endet der Kern 70 cm vor dem Ende der flachen Grube. Die Seiten des Kerns sind flach abgerundet, das Material dafür stellen Reisig und Schnittholz von Bäumen und Sträuchern mit etwa 20 bis 30 cm Länge. Man verwendet dünne Äste und Zweige, die in die gewünschte Länge geschnitten oder gebrochen wurden. Sie können für diesen Zweck auch abgestorbenes Kraut von Großstauden verwenden, zum Beispiel von Sonnenblumen, Dahlien, Kartoffeln oder Tomaten. Gebrauchen Sie bitte aber nur absolut gesundes Material, damit Ihr Hügelbeet keine Brutstätte für Schädlinge und Krankheiten wird. Besteht der Kern nur aus holzigem Material, hält die Wärmeentwicklung 3 Jahre lang an. Je mehr Staudenmaterial dabei ist, desto kürzer die Zeit der Wärmelieferung. Bei einem Kern aus holzigem Material ist aber die Austrocknungsgefahr größer als bei einem aus Staudenabfällen. Wenn Sie zwischen die groben Teile eine Mischung aus Sägemehl, Grobkompost und Gartenerde bringen, ist zwar die Lufteinwirkung nicht so stark, der Hügel trocknet aber weniger rasch aus und das Wasser der darunterliegenden Bodenschichten kann in das Beet aufsteigen.

Auf diesen sogenannten »Holzkern«, der vor allen Dingen der Lüftung dient,

Anlage eines Hügelbeetes.

Oben rechts: Kleingeschnittene Äste und grobe Gartenabfälle bilden den »Kern«.

Mitte links: Abgestochene Grassoden kommen umgedreht als Abdekkung darüber.

Mitte rechts: Nach einer Schicht Laub folgt eine Bedeckung mit Grobkompost.

Unten links: Eine Schicht aus Feinerde bedeckt rundum das Beet.

Unten rechts: Das Beet ist fertig zum Bepflanzen mit Mischkulturen.

Aufbau eines Hügelbeetes. Alle Schichten werden gut festgeklopft.

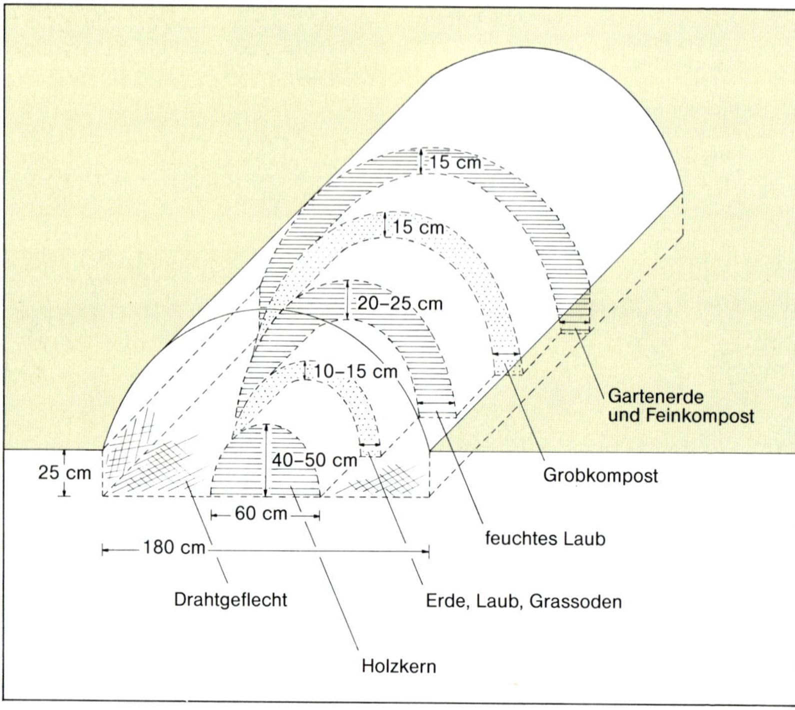

legt man mit dem Grün nach unten die vorher ausgestochenen oder von einer anderen Fläche herbeigeschafften Grassoden. Sind keine erreichbar, kann man auch eine 5 cm dicke Schicht Laub, Stroh oder Gartenabfälle über den Holzkern legen, darüber kommen ungefähr 10 cm Erde. Diese Schicht ist also 15 cm stark, sind es Grassoden allein, genügen 10 cm. Manche Leute verwenden statt Grassoden oder Laub, Stroh und Erde eine 15 cm dicke Schicht angefeuchtetes Zeitungspapier. Das ist aber eine etwas umstrittene Methode, der Abbau des Papiers, eines sterilen Materials, erfolgt nicht so problemlos wie der der übrigen Baustoffe. Alle Schichten müssen sorgfältig angefeuchtet werden.

Darüber kommt eine fest gepackte, 20 bis 25 cm dicke Lage aus feuchtem Laub. Dieses Laub muß leicht verrottbar sein, am besten man verwendet Linden-, Birken-, Kastanien- oder Eschenlaub. Es darf keine Krankheiten einschleppen und sollte nicht von Straßen-

Vereinfachter Aufbau eines Hügelbeetes für alle jene, denen die Beschaffung des Materials für den auf Seite 96 gezeigten Aufbau zu aufwendig erscheint.

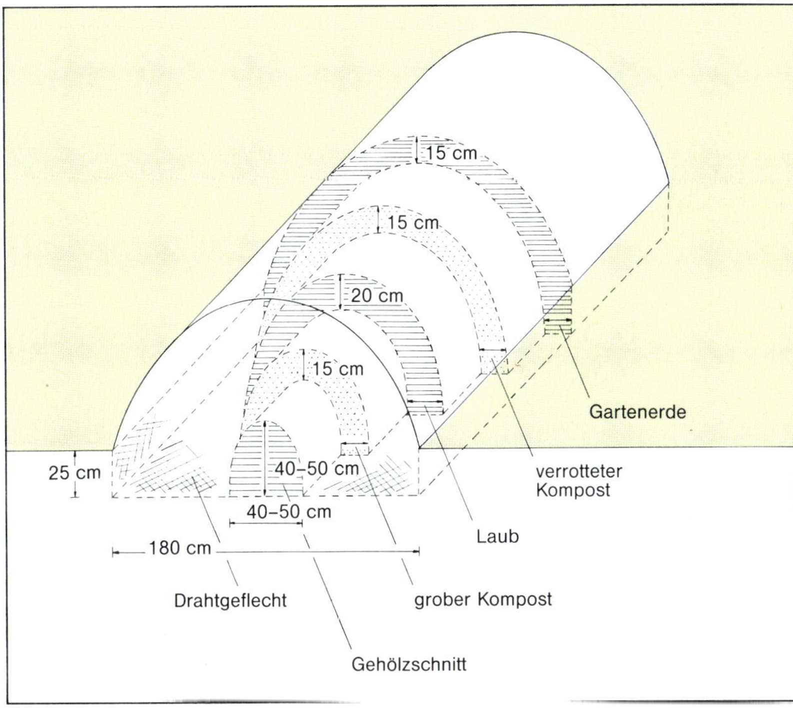

bäumen stammen, auf dem Laub könnten sich Umweltgifte angesammelt haben. Achten Sie besonders auf das richtige Packen, die Blätter dürfen nämlich durch die darüberliegenden Schichten nicht dichter als 20 cm zusammengepreßt werden. Einige Schaufeln darübergeworfener Erde dienen der Festigung.

Darüber folgt eine 15 cm dicke Lage aus halbverrottetem Grobkompost. Auf dem Lande wird es Ihnen vielleicht möglich sein, verrotteten Stallmist zu erhalten, viele Misthaufen liegen ja als Vorrat auf den Feldern. Verrotteter Mist läßt die Temperatur im Hügel höher steigen, die Wärmewirkung ist jedoch nach 1 bis 2 Jahren vorüber.

Darauf gibt man eine ebenfalls 15 cm dicke Schicht aus Gartenerde und gesiebtem Feinkompost im Verhältnis 50 : 50. Dazu wird zum Teil die am Anfang des Baues ausgehobene Muttererde verwendet. Alles gut festklopfen.

Sie sehen, der Materialbedarf für so ein Hügelbeet ist recht groß. Wenn der

Die Wirkungsweise eines Hügelbeetes beruht auf dem Komposteffekt.

Durch die Verrottungsvorgänge steigt die Bodentemperatur.

eigene Garten nicht genug hergibt, sind es vielleicht die Nachbarn, die aushelfen. Im nächsten Jahr kann man sich dann revanchieren. Manche Materialien sind käuflich zu erwerben, zum Beispiel Feinkompost. Sollte Ihnen diese Packmethode zu aufwendig sein, kann ich Ihnen die in der Zeichnung dargestellte Art der Aufschichtung empfehlen.

Wirkungsweise

Wie schon wiederholt in diesem Buch dargelegt, beruht die Wirkungsweise des Hügelbeetes auf dem »Komposteffekt«. Die Bodentemperatur ist um 5 bis 8 °C höher als die der umgebenden Erde, durch den Abbau der organischen Substanz steht ein hohes Nährstoffangebot zur Verfügung, die Hügelform und der Holzkern sichern eine ideale Durchlüftung.

Bald nach der Anlage des Hügelbeetes wird sich ein reiches Bodenleben entwickeln, Regenwürmer verrichten ihr segensreiches Werk und bei ausreichender Wassernachlieferung haben Sie wirklich die »Hügel der natürlichen Fruchtbarkeit« in Ihren Garten geholt.

Sie ermöglichen die intensive Nutzung Ihres Landes.

Die Laubschicht ist nach drei Jahren verrottet, die Holzschicht braucht dazu fünf bis sechs Jahre. Nach dieser Zeit ist aus dem Hügelbeet eine Humusschicht von etwa 35 cm Höhe geworden, die zwar noch sehr fruchtbar ist, aber nicht mehr den Hügelbeeteffekt aufweist. Nach sechs Jahren ist es an der Zeit, an anderer Stelle mit dem Bau von neuen Hügelbeeten zu beginnen.

Bepflanzungsvorschläge

Die gärtnerische Nutzung des Hügelbeetes ist bestimmt vom Alter der Anlage, weil die zunächst hohe und später abnehmende Wärme- und Nährstoff-Freisetzung berücksichtigt werden muß. Wenn wir im Herbst den Bau vollendet haben, wird er unter einer dicken Mulchschicht den Winter überdauern. Jetzt setzt sich der Hügel, und die Erwärmung, besonders in der Laubschicht, kommt in Gang. Schon im Februar können wir bestellen. Liegt dann noch Schnee, wird er weggeräumt und Flachfolie über den Hügel gelegt, damit die obersten Bodenzentimeter auftauen. Dann erfolgt der Anbau.

Im ersten Jahr, wenn die Nährstofflieferung noch nicht so stark ist, setzt man mittelstarke Nährstoffzehrer wie Mais, Gurken, Melonen und Kürbisse. Mit ihrem hohen Wärmebedarf stehen diese Gemüsearten im ersten Jahr besonders gut auf dem Hügelbeet, weil die Wärmebildung recht hoch ist. Vorsichtshalber wollen wir im ersten Jahr sämtliche Nitratsammler, wie Salat, Spinat, Mangold, Rettich, nicht auf das Hügelbeet setzen. Es ist nämlich durchaus möglich, daß zum Beispiel infolge günstiger klimatischer Umstände der Abbau des organischen Materials schneller erfolgt als vorgesehen und wir müssen dann mit erhöhten Nitratwerten in den genannten Gemüsearten rechnen.

Im zweiten Jahr ist das Nährstoffangebot, besonders das von Stickstoff, sehr groß. Wir pflanzen also alle ausgesprochenen Starkzehrer wie die Kohlarten, Tomaten, Kartoffeln, Sellerie. Nitratsammelnde Arten gehören jetzt immer noch nicht auf das Hügelbeet.

Auch im dritten Anbaujahr sollten Sie hauptsächlich starkzehrende Gemüsearten setzen und auf die Nitratsammler verzichten. Erst im vierten Jahr können dann Salat, Spinat, Mangold und Rettich gepflanzt werden, und ab dem fünften Jahr kommen die ausgesprochenen Schwachzehrer wie die stickstoffsammelnden Leguminosen mit ihren Knöllchenbakterien an die Reihe. Sollten Sie gegen Ende des sechsjährigen Hügelbeetlebens Ertragsdepressionen bemerken, werden vielleicht 50 g/m^2 eines Blauvolldüngers helfen. Der reine Biogärtner wird zum Beispiel Oscorna geben oder eine 2 cm dicke Schicht Feinkompost. Aber es ist durchaus möglich, daß eine Ertragsminderung nicht auftritt. Wir halten den Boden ja ständig unter einer Mulchdecke, dieser organische Flächenkompost gibt laufend Nährstoffe in den Boden ab. Und die Zugabe von 2 bis 3 cm Feinkompost ist in jedem Frühjahr sowieso notwendig. Urgesteinsmehl unter diesen Kompost gemischt tut gute Dienste.

Mischkulturvorschlag für Hügelbeete. Im ersten Jahr stehen wärmebedürftige Pflanzen.

Rechte Seite: Der Sommerportulak (Portulacea oleracea ssp. sativa) ist nicht winterhart, eignet sich aber als Zwischenkultur (links). Das Löffelkraut (rechts) ist eine typische Winterkultur. Nach der Blüte jedoch schmeckt das Blatt bitter und ist für Salate wertlos.

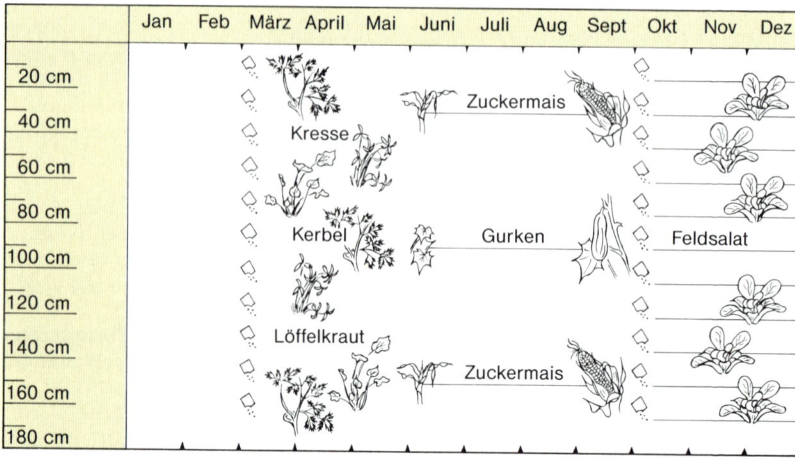

Mischkulturen für Hügelbeete und Hochbeete

Sie sehen, wir können nicht wahllos die Gemüsekulturen auf das Hügelbeet setzen. Es ist wichtig, den Nährstoff- und Wärmebedarf der Gemüsearten zu berücksichtigen. Das gilt sowohl für die Einzel- als auch für die Mischkulturen.

Berücksichtigen Sie auch noch folgendes: Um die Fläche besonders intensiv nutzen zu können, führen Sie so oft es geht eine Jungpflanzenvorkultur der anzubauenden Gemüsearten durch. Mit Hilfe von Anzuchttöpfen oder Multitopfplatten ist das selbst bei so traditionellen Sägemüsen wie Möhren oder Petersilie durchaus möglich. Das gilt sowohl für das Hügel- als auch für das Hochbeet. Die Kulturdauer der einzelnen Arten auf der wertvollen Fläche verkürzt sich durch solche Maßnahmen beträchtlich, wir können mehr und öfter ernten.

Mischkulturvorschläge

Erstes Jahr. Im zeitigen Frühjahr sät man auf das frische Hügelbeet kurzlebige Salatkräuter wie zum Beispiel Kresse, Kerbelkraut, Löffelkraut oder – als Experiment – auch noch kurzlebige Feldsalatsorten. Mitte Mai spätestens sind diese Kräuter geerntet, dann kommt genau auf die Mittellinie des Beetes eine Reihe Melonen oder Gurken, an den Rändern steht Zuckermais. Mitte September sind diese wärmebedürftigen Arten abgeräumt, dann folgt Feldsalat oder organischer Mulch.

Sie brauchen nun nicht bei den genannten Arten zu bleiben. Statt Salatkräuter können Sie Mairüben säen oder frühen Lauch pflanzen und an den Rand des Hügels Samen von Winterportulak, auch Kubaspinat genannt, ausstreuen.

Im Sommer stehen statt Gurken oder Melonen Zucchini oder Markkürbisse

auf der Hügelmitte, begleitet von Chicorée, Schwarzwurzeln oder Bleichsellerie.

Sollte im Juli Platz freiwerden, können Sie dort Knollenfenchel setzen, Zichorie 'Zuckerhut' oder Römischen Bindesalat. Möglich ist auch Radicchio. Das sind alles Kulturen, die bis weit in den Herbst hinein Erträge bringen. Den Winter über eignen sich lediglich der schon genannte Feldsalat, dann Löffelkraut *(Cochlearia officinalis)*, Winterportulak *(Claytonia perfoliata)* oder Winterlauch.

Zweites Jahr. Jetzt ist die Nährstoff-Freisetzung so richtig in Gang gekommen und es ist möglich, Starkzehrer auf das Hügelbeet zu setzen.

Nachdem wir im Frühjahr die Winterkulturen geerntet, die groben Mulchteile abgerecht und mit einem Krail den Boden oberflächlich gelockert haben, können wir jetzt schon zwei bis drei cm Feinkompost, eventuell vermischt mit Urgesteinsmehl, auf den Boden bringen.

Ende Februar–Anfang März pflanzen wir in die Mitte des Hügelbeetes drei Reihen Frühkohlrabi im Abstand von 25×25 cm. In 50 cm Abstand von den letzten Kohlrabireihen auf jeder Seite des Beetes folgt in der ersten Aprilwoche eine Reihe Frühkartoffeln, und zwar setzt man vorgekeimte oder gar im Topf vorgetriebene Knollen. Diese beiden Kulturen stehen so lang wie möglich unter Flachfolie oder Vlies.

Mitte Mai sind die Frühkohlrabi geerntet, jetzt kommt auf den Kamm des Hügels eine Reihe Tomaten. Der Abstand der Pflanzen beträgt 50 cm. Im Juni spätestens sind die Kartoffeln fertig, nun kann in 60 cm Abstand von den Tomaten eine Reihe Blumenkohl gesetzt werden. Am Rand des Beetes steht vielleicht ab Mitte Juli noch eine Reihe Chinakohl.

Zweites Jahr des Hügelbeetes. Starkzehrer nutzen die freiwerdenden Nährstoffe.

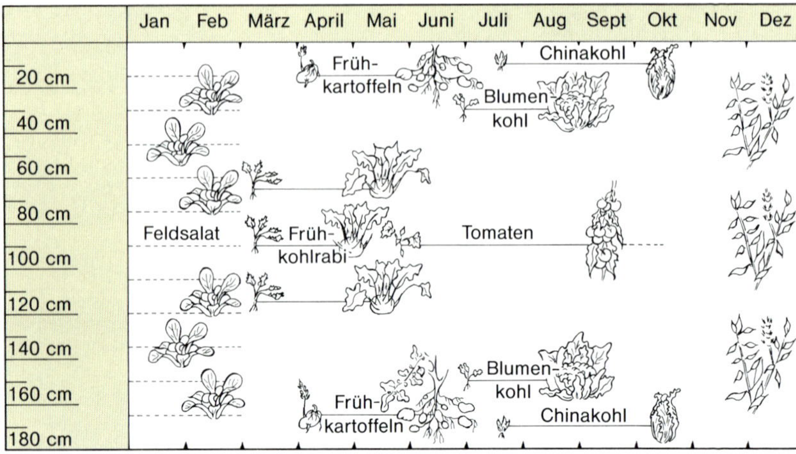

Auch Tomaten sind bekanntlich frostempfindlich und trotz Tomatenhauben wird sich die Ernte nicht über Mitte Oktober hinaus verlängern lassen. Dann ist es zu spät für den Anbau einer Gemüseart, aber vielleicht ist noch die Einsaat von Wintergründüngung möglich. Sonst legen wir organisches Mulchmaterial auf.

Drittes Jahr. Auch jetzt stehen wieder Starkzehrer auf dem Hügelbeet. Zum Beispiel kommen ab Mitte Februar in die Mitte drei Reihen Frühkohl im Abstand von 35 × 35 cm. Anfang April säen Sie in 25 cm Abstand von der letzten Frühkohlreihe auf jede Seite des Beetes je zwei Reihen Herbstmöhren. Der Frühkohl steht unter Flachfolie oder Vlies.

Im Juni ist der Frühkohl erntereif, dann folgt Knollensellerie auf dieser Fläche. Mit Spätmöhren und Sellerie ist das Beet bis weit in den Spätherbst hinein belegt. Dann folgt wieder Wintergründüngung oder organischer Mulch.

Sie können auch hier variieren, zum Beispiel mit im Sommer gepflanztem Winterwirsing, der bis zum nächsten Frühjahr auf dem Beet bleibt oder mit Paprika und Auberginen auf der Mittelreihe.

Viertes Jahr. Nun stehen wieder mittelstark zehrende Gemüsearten auf dem Beet und Sie können ohne Bedenken Salat, Spinat, Rettich und Mangold anbauen. Mitte bis Ende Februar säen wir zwei Reihen Frühjahrsspinat mit einem Abstand von 25 cm. Daran anschließend folgen in 25 cm Abstand auf jeder Seite eine Reihe Petersilie, dann in 25 cm Abstand eine Reihe Frühjahrssalat, an den Fuß des Hügels säen oder setzen wir noch eine oder zwei Reihen Frühlingsrettich oder Radies.

Spätestens Ende Mai sind diese Gemüsearten (außer Petersilie) abgeern-

Oben: Drittes Jahr. Nährstoffbedürftige Kulturen wie Sellerie oder auch Wirsing stehen auf dem Beet.

Unten: Auf dem schon etwas zusammengesackten Hügelbeet gedeihen Erbsen, Pflücksalat, Karotten, Zwiebeln und Tomaten, jeweils mit 30 cm Reihenabstand.

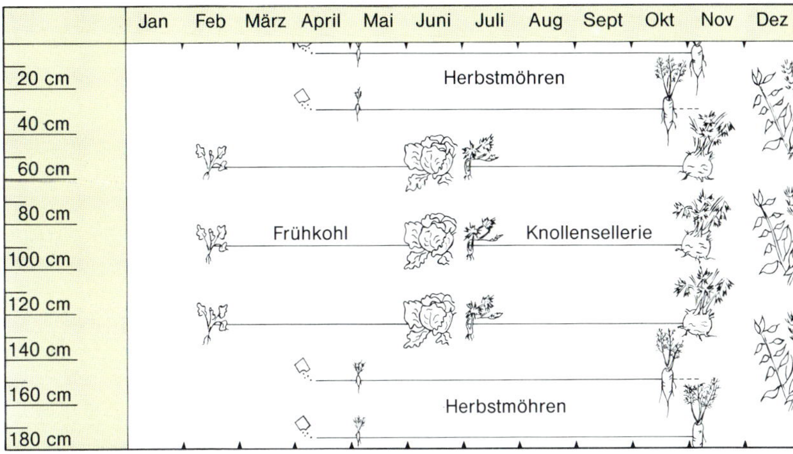

Viertes Jahr. Die Nährstoffe fließen nicht mehr so reichlich, Mittelstarkzehrer kommen aufs Beet.

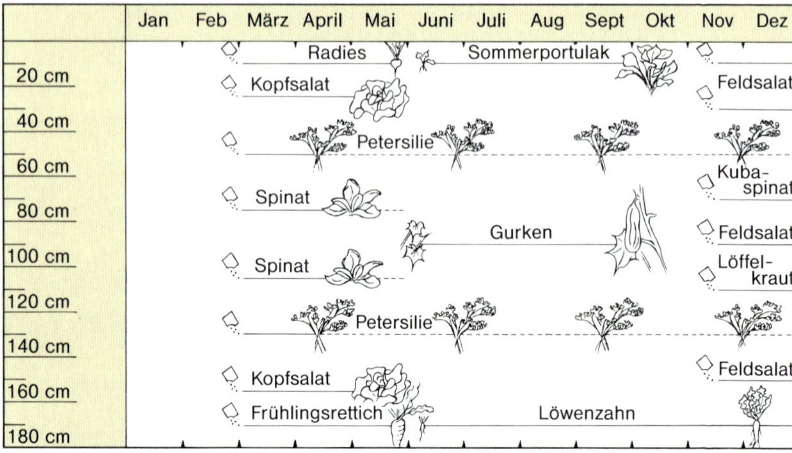

tet, dann folgen Gurken, Melonen, Kürbisse, am Rand des Beetes stehen Neuseeländer Spinat, Löwenzahn oder Sommerportulak *(Portulaca oleracea)*. Nach den ersten Frösten sind diese empfindlichen Gemüsearten weg vom Beet (außer Petersilie und Löwenzahn), dann kommt die Winternutzung mit Feldsalat, Löffelkraut und Kubaspinat.

Fünftes Jahr. Jetzt beginnen die Jahre der Schwachzehrer, vor allem der Leguminosen. Die in Töpfen vorgezogenen Puffbohnentuffs kann man schon Ende Februar auf das Hügelbeet setzen im Abstand von 50×20 cm. Drei Reihen pflanzt man in die Mitte des Hügels. In 30 cm Abstand von der letzten Puffbohnenreihe kommt an den Rand eine Reihe niedriger Palerbsen, ebenfalls als Tuffs in Töpfen vorgezogen (20 cm Abstand in der Reihe). Diese niedrigen Erbsen wachsen ohne Stützvorrichtung.

Im Juni sind die Puffbohnen und die Früherbsen abgeerntet, danach folgen Stangenbohnen und Sojabohnen, ebenfalls in Tuffs in Töpfen vorgezogen, Stangenbohnen mit 100×50 cm, Sojabohnen mit 40×40 cm Abstand. Wenn im September die ersten Fröste kommen, ist die Bohnenherrlichkeit zu Ende und Sie können jetzt die schon öfter erwähnten Winterkulturen oder Wintergründüngung auf das Hügelbeet bringen, oder das Beet mit organischem Mulch bedecken.

Im vierten Jahr ist es auch möglich, als Nachkultur im Juli–August Erdbeeren zu setzen, die in den nächsten beiden Frühsommern schmackhafte Früchte bringen.

Die Kultur muß jedes Jahr mit Feinkompost versorgt werden, Strohmulch ist ja sowieso für Erdbeeren allerorts üblich, um die Früchte trocken und sauber zu halten. Die Abstände der Erdbeeren betragen 50×30 cm.

Oben: Fünftes Jahr. Schwachzehrende Leguminosen wie Bohnenarten nützen noch die Nährstoffe des sich langsam abbauenden Hügelbeetes.

Unten: Sojabohnen enthalten viel Fett und Eiweiß.

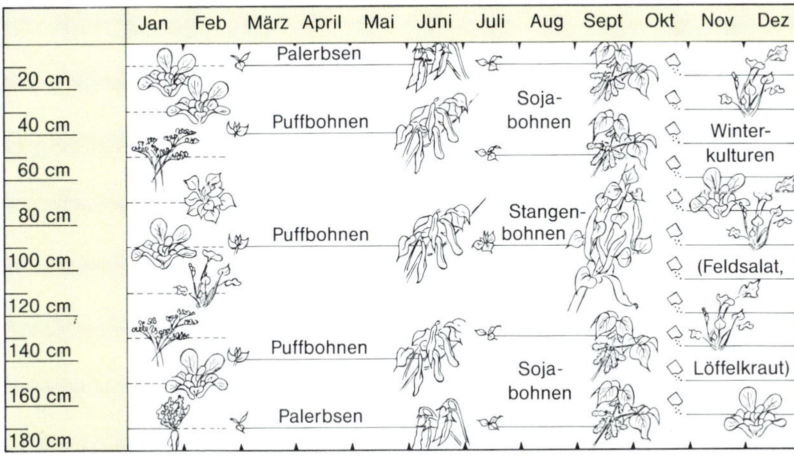

Sechstes Jahr. Neben den allgemein üblichen Leguminosen wie Erbsen, den verschiedenen Bohnen (Busch-, Stangen-, Puffbohnen) können Sie auch seltenere Arten anbauen wie zum Beispiel Kichererbsen oder Linsen. Auch Sojabohnen, die viermal nahrhafter sind als Ochsenfleisch, beginnen mehr und mehr die deutschen Freizeitgärten zu erobern.

Nachdem wir im sechsten Jahr das Hügelbeet mit den verschiedensten schwachzehrenden Leguminosen genutzt haben, hat das Beet seine Schuldigkeit getan. Es ist zusammengesunken und wir beginnen spätestens im Herbst des sechsten Jahres damit, an anderer Stelle wieder ein neues Hügelbeet zu bauen.

Wir haben mit dem »abgetragenen« Hügelbeet noch eine Fläche voll von wertvollem Humus zur Verfügung, die sich hervorragend als Flachbeet für den Gemüseanbau nutzen läßt.

Hochbeete

Technische Anlage

Das Hochbeet bedeutet die Weiterentwicklung des Hügelbeetes. Es beruht auf der Erfahrung, daß das Hügelbeet für manche Tiefwurzler nicht ausreichend Wurzelraum bietet und daß der »Holzkern« ständig reichliche Wassergaben verlangt, wobei durch die Hügelform des Beetes die Gefahr der Bodenabschwemmung besteht.

Für viele Leute, besonders für ältere und behinderte Mitmenschen, hat das Hochbeet den Vorteil, daß man sich bei seiner Bearbeitung nicht zu bücken braucht, praktisch findet hier die Gartenarbeit auf Tischhöhe statt. Auf diese Art und Weise können Gärten für Behinderte entstehen, die Hochbeete lassen sich vom Rollstuhl aus betreuen.

Ein Hochbeet einschließlich Umrandung ist 1,20 bis 1,50 m breit, so daß man noch bequem bis in die Mitte reichen kann. Die Länge eines solchen Beetes ist beliebig, die Höhe richtet sich nach dem Baumaterial der Umrandung und nach der Körpergröße (bzw. Rollstuhlhöhe) der bearbeitenden Person. Durchschnittlich wird man mit 70 bis 80 cm über der umgebenden Bodenoberfläche rechnen. Ein schöner, bepflanzter Tisch soll entstehen. Und dieser Tisch ist, wie das Hügelbeet, mit abbaubaren Substanzen verschiedenster Art gefüllt, mittels einer »Holzunterlage« gut durchlüftet, so daß wir auch hier den Komposteffekt ausnutzen können, nämlich Bodenwärme und reichlich aufnehmbare Nährstoffe.

Innerhalb der vorher abgesteckten Maße hebt man eine Grube von 25 cm Tiefe aus. Dieser Randgraben, in dem die Wände verankert sind, sollte 50 cm tief und 25 bis 30 cm breit sein. Im Gegensatz zum einfachen Hügelbeet, das sechs Jahre Bestand hat, handelt es sich beim Hochbeet um eine beständigere Anlage. Wir können den Bau eines Hochbeetes mit dem eines ortsfesten Frühbeetes vergleichen.

Als Wandmaterial bieten sich kesseldruckimprägnierte Rundhölzer ab 8 cm Durchmesser an, auch Hohlblocksteine, Ziegel oder Wellplatten der verschiedensten Art. Ebenso sind L-Betonteile, wie sie zum Abfangen von Böschungen benutzt werden, für die Wände der Hochbeete geeignet. Hohlblockstein- und Ziegelwände wirken ausgezeichnet wärmeisolierend.

Mittels Zollstock mißt man den Umriß des Beetes aus. An den Eckpunkten werden Pflöcke eingeschlagen, die rechten Winkel mit Hilfe eines Winkeleisens oder eines anderen rechtwinkligen Gegenstandes, zum Beispiel einer Gartenplatte, bestimmt. Die Pflöcke verbindet man mit einer Schnur. Vergessen Sie beim Ausmessen nicht, der gewünschten Beetbreite noch die Wandbreite zuzurechnen, sonst verengt sich die Nutzfläche zu stark.

Soll das Hochbeet dort errichtet werden, wo vorher Rasen oder Gras war, sticht man die Rasensoden sorgfältig ab und lagert sie griffbereit. Auch die oberen 20 cm Mutterboden setzen Sie auf saubere Haufen, der Unterboden wird gelockert.

Die Rundhölzer setzt man in Blockhausbauweise übereinander, an den Ekken im Kreuzverband und mit Rundeisen verankert. Hohlblocksteine können mit ihrem »eingebauten« Nut- und Fe-

Im Gegensatz zum Hügelbeet stellt das Hochbeet eine feste Einrichtung dar. Durch seine Tischhöhe erleichtert es die Gartenarbeit beträchtlich. Pflöcke an den Ecken sorgen für die erforderliche Stabilität, damit das Füllmaterial den Bau nicht auseinanderdrückt.

dersystem verankert werden, ebenso die Beton-L-Steine. Ziegelwände zieht man mit Mörtel als Mauern hoch, Wände aus Wellplatten müssen mit Hilfe von Drahtverspannungen oder Brettern stabilisiert werden.

Innen an diesen Wänden (außer an gemauerten Ziegelwänden) bringt man Teichfolie an, damit die Erde später nicht durch die Spalten rieselt. Auch die Austrocknungsgefahr wird dadurch geringer. Belegen Sie mit dieser Folie aber nicht den so sorgfältig gelockerten Unterboden, sonst ist der Wasseraustausch zwischen der Beetfüllung und den darunterliegenden Bodenschichten abgeschnitten.

Sie können übrigens im zeitigen Frühjahr Folientunnels über das Hochbeet bauen oder Frühbeetabdeckungen aus Plexiglas, zum Beispiel die »Transparento-Frühbeetabdeckung«, und so das Hochbeet zu einem kompletten, warmen Frühbeet machen. Ja, manche Leute legen Hochbeete innerhalb eines Folien- oder Glasgewächshauses an und bereiten damit den Pflanzen ganzjährig ideale Entwicklungsmöglichkeiten. Sie können darin tropische und subtropische Gemüsearten kultivieren.

Aufbau eines Hochbeetes. Die Länge ist dabei beliebig.

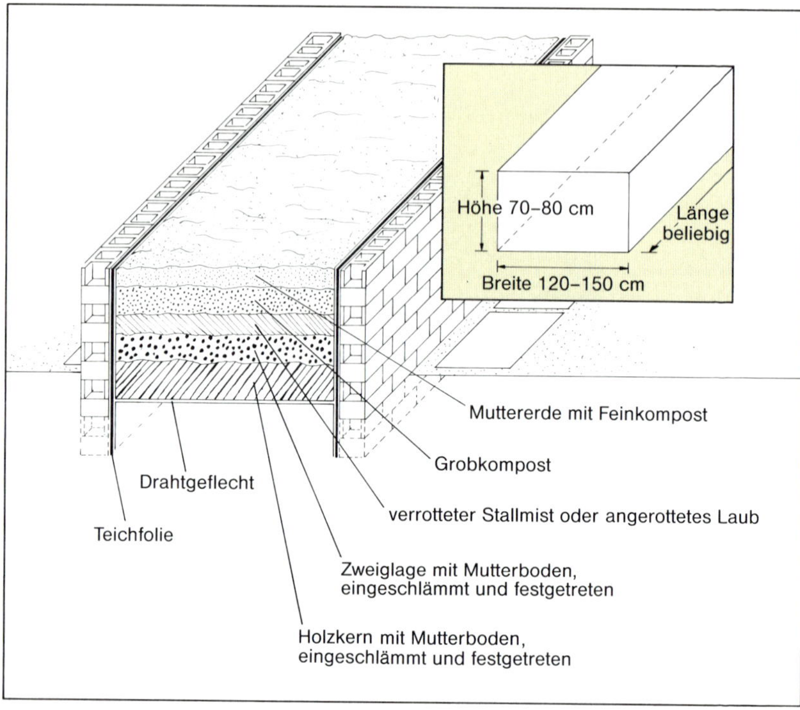

Die Breite des Hochbeetes, zunächst mit 1,20 bis 1,50 m angegeben, kann variiert werden. Falls Sie die Absicht haben, das Hochbeet mit Folientunnels oder Frühbeetabdeckungen zu überbauen, ist es wichtig, sich diese Kulturhilfen zugleich mit dem Bau des Hochbeetes anzuschaffen, um die Maße anzugleichen. Natürlich richten sich Hochbeete in Gewächshäusern nach dem vorhandenen Platz.

Hochbeete sind wie Hügelbeete geradezu magische Anziehungspunkte für Mäuse, manchmal sogar für Ratten. Legen Sie deshalb auf die ausgeschachtete Sohle ein verzinktes oder kunststoffummanteltes Maschendrahtgeflecht von 1,5 cm Maschenweite und ziehen Sie dieses Geflecht innen an den Wänden hoch. Das erspart Ihnen viel Arbeit, Schaden und Ärger.

Doch nun zur Packung. Wie beim Hügelbeet fangen wir mit dem Holzkern an. Vor Baubeginn der Seitenwände haben wir ja schon eine 25 cm tiefe Grube ausgehoben und den Boden die-

Stabil muß das Hochbeet gebaut sein. Das Bild zeigt gleich zwei verschiedene Bauweisen.

ser Grube mit Hilfe einer Grabgabel gelockert. Falls die Bodenreaktion unter pH 5 abgesunken ist, gibt man 200 g kohlensauren Kalk pro Quadratmeter, manche Leute verabreichen auch pro Quadratmeter 150 g Kalimagnesia (Patentkali). Doch unbedingt erforderlich ist letzteres nicht.

Auf diesen gelockerten Boden kommen als unterste Lüftungsschicht grobe, verholzte Pflanzenteile (Äste und Zweige) mit 5 bis 7 cm Durchmesser. Sie können dann Ihre alten, unbrauchbaren Bretter loswerden, sogar alte, verkommene Möbel wurden schon zerhackt und sind im Hochbeet verschwunden. Achten Sie aber darauf, daß diese frei von Kunststoffteilen, giftigen Anstrichen oder Nägeln sind. Der Holzkern ist 40 cm hoch, zwischen die Holzteile streut man lebendigen Mutterboden und schwemmt ihn mit einem starken Wasserstrahl tüchtig ein. Es darf möglichst keine Hohlräume mehr geben. Treten Sie diese Schicht fest an, damit sie sich später nicht gar zu sehr setzt

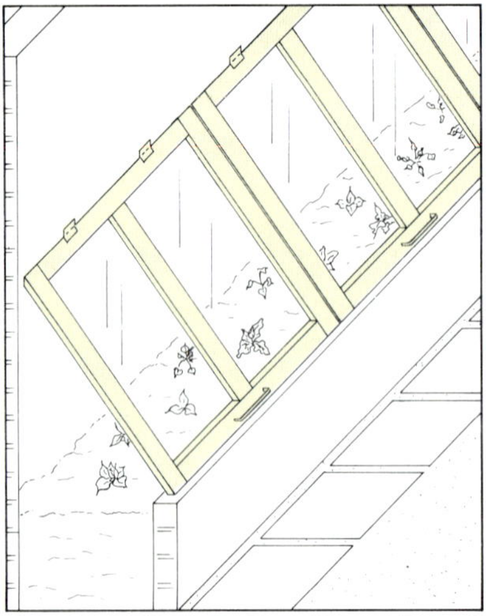

Ein Hochbeet, das an einer Südwand gebaut und mit Fensterscheiben abgedeckt wird, ergibt ein kleines Behelfsgewächshaus.

und der Kontakt zu Unterboden und Wasseraufstieg gewährleistet ist.

Manche Gartenbesitzer verwenden statt des Mutterbodens sandigen Lehm, wobei gegen die Beetmitte wegen der besseren Durchlüftung der Sand vorherrschen sollte. Aber ganz auf den Mutterboden sollte man nicht verzichten, er dient als Impfstoff mit Bodenleben.

Über diese grobe Holzschicht packt man nun eine Lage aus dünnen Zweigen, die auf etwa 30 cm Länge geschnitten wurden. Zwischen diese Zweigstükke kommt nun reiner Mutterboden. Er wird ebenfalls fest eingeschlämmt und festgetreten. Diese Zweiglage ist 20 cm dick.

Darüber kommt verrotteter Stallmist, dem eventuell ein Viertel Lehm zugefügt wurde, diese Schicht ist etwa 10 cm stark. Man kann dafür auch angerottetes Laub verwenden, dem etwas Hornspäne und Knochenmehl zugesetzt wurde. Es folgen 20 cm Grobkompost und darauf 15 cm Muttererde, die zu einem Drittel bis zur Hälfte mit Feinkompost versetzt wurde.

Eine vereinfachte Form des Aufbaus habe ich bei den Hügelbeeten gezeigt, sie kann - etwas abgewandelt - auch beim Bau von Hochbeeten angewandt werden.

Wie für das Hügelbeet brauchen Sie auch für das Hochbeet viel organisches Material. Es wird daher gut sein, wenn Sie vor dem Packen den Rauminhalt des geplanten Hochbeetes berechnen und von da ausgehend den Bedarf an den verschiedenen Materialsorten. So können keine Engpässe entstehen.

Wie die Hügelbeete lassen sich auch die Hochbeete in Ost-West- und Nord-Süd-Richtung anlegen. Beides hat Vor- und Nachteile. Im kühleren Klima wird die Ost-West-Richtung vorteilhafter sein, weil so ein warmer Südhang entsteht. Bei Nord-Süd-Lage ist aber die Belichtung gleichmäßiger.

Besprochen haben wir jetzt das rechteckige Beet. Es ist aber auch durchaus möglich, ovale oder runde Hochbeete zu bauen, mit Hilfe von Wellplatten ist das gut zu machen. Ferner können Sie das Hochbeet direkt an eine Südmauer ansetzen, Sie sparen dadurch eine Wand, haben die Wärmereflexion der Südmauer und durch schräggestellte Frühbeetfenster in Frühjahr und Herbst kann ein kleines Behelfsgewächshaus entstehen.

Jedes Hochbeet muß aber von festen Wegen umgeben sein, am besten von Plattenwegen. Soll ein Behindertengarten entstehen, müssen die Wege so breit sein, daß die Rollstühle problemlos zwischen den Beeten fahren können.

Obwohl wegen der festen Wände und der Teichfolie die Austrocknungsgefahr beim Hochbeet nicht so groß ist wie

Eine niedere Form des Hochbeetes gleicht hier das Gefälle eines Abhanges aus. Grasschnitt dient als Mulch zwischen den Pflanzen.

beim Hügelbeet, wird auch hier eine Tröpfchenbewässerung gute Dienste leisten. Man legt die vier Schlauchstränge, wie sie für das Hochbeet in der gängigen Breite richtig sind, sofort bei der ersten Bestellung im Frühjahr auf das Beet.

Wie die Hügelbeete ermöglichen die Hochbeete die intensivste Nutzung des Gartenlandes. Drei Ernten pro Jahr sind bei entsprechend dichter Kulturstaffelung durchführbar. Zur ganzjährigen Gemüseversorgung einer Person rechnet man im Durchschnitt mit einer Anbaufläche von etwa 10 m^2 Hochbeet. (Im Vergleich sind 40 m^2 Flachbeet erforderlich.)

Als Bautermine bieten sich der Herbst oder das Frühjahr an, bei beiden Jahreszeiten gibt es Vor- und Nachteile. Im Frühjahr werden Sie zweifellos mehr Abfallholz und Kompost zur Verfügung haben als im Herbst, auch der Abbau der organischen Stoffe kommt schon gleich zügig in Gang. Im Herbst dagegen steht mehr Zeit zur Verfügung, auch setzt sich die Packung über den Winter und der Abbauvorgang beginnt langsamer, er verläuft aber nicht so stürmisch.

Wer sich schon die Mühe macht, will so viel wie möglich vom Hochbeet ernten.

Wirkungsweise

Wie beim Hügelbeet haben Sie auch hier den Komposteffekt, über den wir schon öfter gesprochen haben. Beim Abbau der organischen Substanz werden Nährstoffe und Wärme freigesetzt. Infolge der festen Umrandung und der Abdichtung dieser Umrandung mit Teichfolie kann der Gasaustausch beim Hochbeet nur über die Bodenoberfläche erfolgen, der Abbauprozeß verläuft also langsamer. Andererseits trocknet ein Hochbeet nicht so rasch aus wie ein Hügelbeet.

Weil der Abbauprozeß nicht so schnell verläuft wie beim Hügelbeet, sackt das Hochbeet langsamer zusammen. Es dauert 7 bis 8 Jahre, manchmal noch länger, bis die Packung abgebaut ist und wir im Hochbeet nur noch Humus vorfinden. Die jährliche »Absackquote« von 8 bis 12 cm kann im Frühjahr mit Kompost ausgeglichen werden, damit die Arbeitshöhe gleich bleibt. Wenn nun nach sieben bis acht Jahren das eingebaute organische Material zu Humus geworden ist, stehen Sie vor der Wahl: Entweder Sie betreiben das Hochbeet, das nun mit wertvollstem Humus gefüllt ist, als »Humusbeet« weiter, wobei man ab und zu eine Gründüngungsphase einschalten kann oder bei offensichtlichem Mangel an Nährstoffen auch einmal eine Mineraldüngung zusetzt. Möchten Sie aber auf den Wärmeeffekt nicht verzichten, der ein wertvoller Faktor bei der erfolgreichen intensiven Pflanzenkultur ist, dann räumen Sie das Hochbeet aus, verteilen den wertvollen Humus auf die Flachbeete und bringen eine neue Packung ein. Meist treten nach sieben bis acht Jahren ohnehin Alterserscheinungen auf. Es wird unter Umständen einiges an der Umrandung zu reparieren oder zu erneuern sein.

Bepflanzungsvorschläge

Beim Hochbeet werden wir, ähnlich wie beim Hügelbeet, im ersten Jahr mittelstarke Nährstoffzehrer anbauen, dabei aber die Stickstoffsammler weglassen. Im zweiten, dritten und vierten Jahr folgen die Starkzehrer, im fünften und sechsten Jahr wieder die mittelstarken Nährstoffzehrer, diesmal zusammen mit den Stickstoffsammlern. Im siebten, achten und neunten Jahr wachsen Erdbeeren und Leguminosen auf dem Hochbeet. Sie können daher die beim Hügelbeet beschriebenen Mischkulturen auch beim Hochbeet anwenden. Günstig ist es, sich mehrere Hochbeete in verschiedenen »Altersstufen« zu bauen. Das Spektrum im Gemüseanbau wird dadurch sehr erweitert.

Wenn Sie Ihr Hochbeet nicht alle sieben, acht oder neun Jahre neu packen wollen, ist es möglich, auch ausdauernde Gemüsearten darauf anzubauen wie Grünspargel, Artischocken oder Rhabarber.

Um das Hochbeet optimal zu nutzen und möglichst viel Ertrag herunterzuholen, wird auch hier die Jungpflanzen-Anzucht aller Gemüsearten einschließlich der traditionellen Sägemüse dringend empfohlen. Die Industrie gibt uns genügend Hilfsmittel in die Hand, so daß wir auch Arten mit Pfahlwurzeln (Wurzelgemüse) vorziehen können.

Oben: Die Erdmandel bildet an unterirdischen Ausläufern Knollen, die nußartig schmecken.

Unten: Nach der Blüte bohren sich die Triebe der Erdnuß in den Boden ein. Dort entwickeln sich dann die Früchte.

Tropische und subtropische Gemüsearten

Sie können Hochbeete auch im Gewächshaus bauen. Man erhält damit ideale Kulturmöglichkeiten für Gurken, Melonen, Tomaten, Paprika und Auberginen, aber auch für tropische und subtropische Nutzpflanzen. Neben der durch Heizung und Sonneneinstrahlung erzeugten Wärme steht den Pflanzen der durch biologische Abbauvorgänge erwärmte und nährstoffreiche Boden des Hochbeetes zur Verfügung.

Chayote *(Sechium edule)*

Die Chayote ist ein kletterndes Kürbisgewächs, dessen Früchte bis zu einem Kilogramm schwer werden. Man kann sie wie gefüllte Gurken zubereiten. Die jungen Triebe bringt man wie Spargel auf den Tisch, die stärkereichen Wurzeln bereitet man ab dem zweiten Kulturjahr wie Kartoffeln.

Sie können die Pflanze im temperierten Haus (15 °C) kultivieren. Stützen für die schweren Früchte und Aufleithilfen für die Kletterpflanze müssen angebracht werden.

Mit guten Keimergebnissen kann man nur rechnen, wenn der Samen in der Frucht verbleibt. Wir bewahren die Frucht (im Feinkostladen von Herbst bis Frühjahr erhältlich) bei einer Temperatur von über 20 °C auf und warten, bis der Trieb mindestens 20 cm lang geworden ist. Dann wird in sehr nährstoffreiche Erde (zwei Drittel Kompost, ein Drittel Torf) eingetopft. Wenn die Pflanze etwa 40 cm hoch geworden ist, kann sie in das Hochbeet im Gewächshaus ausgepflanzt werden.

Die Bestäubung erfolgt im Haus mit einem Pinsel. Sollten sich wider Erwarten im Hochbeet Nährstoffmangel-Erscheinungen zeigen, muß mit einer flüssigen Volldüngerlösung (2 bis 3 ‰) nachgeholfen werden. Man kann Chayoten ein- oder mehrjährig ziehen, wenn die Frucht etwa 20 cm groß geworden ist, wird man sie ernten.

Erdmandel *(Cyperus esculentus)*

Dieses Cypergras, ein Riedgrasgewächs, bildet an unterirdischen Ausläufern Sproßknollen. Man kann die Pflanze im temperierten Haus (15 bis 18 °C) das ganze Jahr über anbauen. Bis die Knöllchen erntereif sind, vergehen vier bis fünf Monate. Fünf bis sieben Knöllchen legt man in einen 10-cm-Topf. Nach erfolgtem Austrieb und wenn die jungen Pflänzchen etwa 15 bis 20 cm groß geworden sind, pflanzt man sie im Abstand von 30 × 30 cm auf das Hochbeet. Die nußartig schmeckenden Knöllchen werden roh oder geröstet geknabbert. Sie halten sich ungewaschen, kühl und trocken über längere Zeit frisch.

Erdnuß *(Arachis hypogaea)*

Hier haben wir eine einjährige tropische Nutzpflanze vor uns, bei der sich die Stiele der vertrockneten, befruchteten Blüten auf etwa 20 cm Länge strekken und in den Boden einbohren. Dort, in etwa 5 bis 6 cm Tiefe, wachsen die Erdnüsse heran. Die Art kann ganzjäh-

Die ausdauernde Kapstachelbeere gedeiht bei uns nur im Gewächshaus. Im Winter darf die Temperatur nicht unter 10 °C absinken.

rig im temperierten Haus kultiviert werden, wo die Wärme auch bis etwa 25 °C ansteigen kann. Kulturdauer und Anzuchtmethode sind dieselben wie bei der Erdmandel, während der Keimung sollten 20 °C nicht unterschritten werden. Sie können auch sofort an Ort und Stelle säen, doch im Hinblick auf den wertvollen Platz wird eine Vorkultur anzuraten sein.

Ananaskirsche, Kapstachelbeere
(Physalis peruviana)

Diese ausdauernde Pflanze ist nahe verwandt mit unserer Lampionblume (*Physalis alkekengi* var. *franchetii*). Süß-säuerliche Beeren wachsen in der Lampionumhüllung. Wenn sie reif sind, trocknet der Lampion ein. Die Beeren können frisch oder zubereitet (Marmelade, Kompott) gegessen werden. Anzucht und Kultur erfolgt wie die der Tomaten. Der Pflanzabstand beträgt etwa 40 × 50 cm, die Pflanzen werden ungefähr 40 cm hoch. Man setzt sie in ein temperiertes Haus, im Winter darf die Temperatur auf 10 °C absinken. Wir können ein- oder mehrjährig kultivieren. Im Frühling schneidet man die Pflanze zurück und gibt eine leichte Startdüngung, sonst dürften im Hochbeet die Nährstoffansprüche gedeckt sein. Die Früchte sind reif, wenn die Lampionumhüllung gelb und strohig ist, die Beeren selbst hellgelb und weich.

Okra *(Abelmoschus esculentus)*

Die Kultur von Okra ähnelt der von Tomaten. Wie bei den Stabtomaten ist auch hier eine Stütze erforderlich. Der Pflanzabstand beträgt 80 × 50 cm. Von Beginn der Blüte bis zur Ernte dauert es nur einige Tage. Die länglichen Schoten sollten zu diesem Zeitpunkt nicht größer als 10 cm sein, damit man die Kerne noch mitessen kann.

Genauso wie bei Gewächshausgurken verläuft die Kultur der Schlangenhaargurke. Man verzehrt sie aber nur als gekochtes Gemüse.

Passionsfrucht, Maracuja, Purpurgranadilla *(Passiflora edulis)*

Die Passionsfrucht *Passiflora,* eine artenreiche Gattung, ist als Topfpflanze weit verbreitet. Alle Passionsblumen sind Kletterpflanzen, Lianen aus den tropischen Wäldern, viele Arten sind auch Nutzpflanzen. Früchte, Kompott und Saft werden unter dem Namen Maracuja heute in Mitteleuropa vielfach angeboten. Am besten wächst die Pflanze an einem Stützgerüst im temperierten Haus, im Sommer kann es ruhig heiß werden (über 25 °C). Die Überwinterung erfolgt bei etwa 10 °C. Im Frühjahr schneidet man die Pflanze auf etwa 30 cm Länge zurück. Eine reichliche Nährstoff- und Wasserversorgung ist anschließend erforderlich. Ab Anfang September wird beides eingeschränkt, damit sich keine neuen Triebe bilden. Die ersten Früchte können Sie im zweiten oder dritten Jahr nach der Pflanzung erwarten. Die Früchte sind etwa so groß wie Hühnereier. Verfärben sie sich purpurviolett, kann man sie ernten.

Eine Verwandte ist die Riesengranadilla *(Passiflora quadrangularis).* Die Pflanze muß im Sommer Temperaturen von 30 °C, im Winter um 15 °C haben. Die Früchte werden bis zu 25 cm lang.

Schlangenhaargurke *(Trichosanthes cucumerina* var. *anguinea)*

Diese Riesengurke wird über einen Meter lang, man ißt sie als gekochtes Gemüse. Sie wächst im Warmhaus bei 20 bis 25 °C. Die Pflanze liebt einen humosen, warmen Boden, ist also geradezu prädestiniert für das Hochbeet im Gewächshaus. Die Kultur verläuft genauso wie die der Gewächshausgurken, ein Schnitt ist jedoch nicht erforderlich.

Schwammgurke, Luffa *(Luffa aegyptiaca)*

Aus dem Leitbündelnetz der reifen, getrockneten Früchte dieser Pflanze macht man Badeschwämme, den bekannten »Luffa-Schwamm«. Auch Filter, Körbchen, Badesandalen und anderes wird daraus hergestellt. Die jungen Früchte und Sprosse ißt man gekocht und feingewürzt. Die Kultur ist dieselbe wie die der Gewächshausgurke, jedoch ohne Schnitt. Auch diese Pflanzenart eignet sich ausgezeichnet für das Hochbeet im Gewächshaus.

Süßholz *(Glycyrrhiza glabra)*

Die bekannte Lakritze wird aus den Wurzeln der Süßholz-Pflanze gewon-

Das Aroma der Lakritze wird aus der Wurzel des Süßholzes gewonnen. Die Pflanze überdauert viele Jahre, verlangt aber auch Geduld.

nen. Vermehrt wird diese durch 30 cm lange Wurzelstöcke, die man im Frühjahr in die nährstoffreiche Hochbeeterde legt. Ein temperiertes Haus ist geeignet, doch erst im Herbst des vierten Kulturjahres kann man einen Teil der Wurzeln ernten und erst 12- bis 15jährige Pflanzen sind auf dem Höhepunkt ihrer Ertragsfähigkeit. Bitte beachten Sie das, wenn Sie Ihr Hochbeet in gewissen Zeitabständen neu packen wollen. Dann eignet sich diese Pflanze nicht.

Süßkartoffel, Batate *(Ipomoea batatas)*

Die Batate ist eine tropische Prunkwinde mit bis zu faustgroßen, etwa drei Kilogramm schweren Seitenwurzeln. Diese Seitenwurzeln enthalten wie unsere Kartoffeln Stärke. Zucker bildet sich nur, wenn genügend Wärme vorhanden ist. Bataten sind daher Pflanzen für das Warmhaus mit Temperaturen bis 25 °C. Die Knollen sind eine Delikatesse. Sie schmecken ähnlich wie Artischocken, man ißt sie gekocht oder geröstet. Die Kultur läuft genauso ab wie die der Kartoffeln: Im Frühjahr legt man die Knollen, im Herbst kann man ernten. Eine Rankhilfe ist für die Kletterpflanze von Vorteil. Im Gegensatz zu »unseren« Kartoffeln halten sich die Bataten-Knollen nicht im Lager, man läßt sie im Boden, wenn die Ranken abgestorben sind und senkt die Temperatur im Haus auf 15 °C (aber nicht tiefer). Die Erde darf nicht austrocknen, aber auch nicht vernäßt sein. Ab Februar können Sie Temperatur- und Wasserzugaben erhöhen, Nährstoffe oberflächlich einarbeiten und so eine neue Bataten-Kulturperiode beginnen.

Yamswurzel *(Dioscorea bulbifera)*

Yams ist ebenfalls ein tropisches Wurzelgemüse, eine Kletterpflanze für das

Als Delikatesse gelten die Knollen der Süßkartoffel. Doch gedeiht sie bei uns nur im Gewächshaus. Dort kann sie gut überwintern.

Warmhaus. Die Kultur ähnelt der der Bataten, die Knollen sind sehr groß, sie werden bis zu 20 kg schwer. Yamswurzeln enthalten viel Wasser, der Stärkegehalt schwankt. Die Yamswurzeln sind Verdickungen der Sproßachse und sehen unterschiedlich aus. Bei manchen *Dioscorea*-Arten, zum Beispiel bei *Dioscorea bulbifera*, entstehen Luftknollen oder Bulbillen in den Achseln der Laubblätter. Diese Luftknollen sind nicht eßbar, sie eignen sich jedoch zur Vermehrung.

Die Gattung *Dioscorea* ist artenreich, am bekanntesten und am meisten in Kultur sind *D. bulbifera* und *D. batatas*. *D. batatas* verträgt auch noch 20°C. Während der Vegetationszeit von Februar bis Spätherbst brauchen die Pflanzen viel Nährstoffe und viel Wasser, um die großen Knollenmassen zu erzeugen. Wie bei den Bataten ist eine Kletterhilfe erforderlich. Die Vermehrung geschieht durch Wurzel- oder Achselknollen. Bis zur Ernte dauert es etwa 10 Monate. Im Spätherbst ziehen die Blätter ein. Die zur Vermehrung bestimmten Wurzelknollen bleiben im Boden, werden aber trocken und kühl (10 bis 15°C) gehalten. Im Februar werden sie in frischen, nährstoffreichen Boden (Hochbeet!) gesetzt und mit reichlich Wasser versorgt.

Zum Schluß

In heiterer Weise stellt Werner Bergengruen die Wirkung des Hügel- und Hochbeetes dar.

Der Komposthaufen

Hinter grünbemoosten Brettern,
wo der Garten sich verliert,
hebt sich aus verjährten Blättern,
abgeschieden das Geviert.

Kürbisschalen, Blumenreste,
faule Frucht und welkes Kraut,
nasse Strünke, dürre Äste,
Eingeweide, Schuppenkraut,

bleiche preisgegebne Dinge,
abgeschabt und ausgebeult –
Würmer, Asseln, Engerlinge
wimmeln, wesen engverknäult.

Oben summen Tausendschwärme
bläulichschillernd durch den Dunst,
unten in der dunklen Wärme
gart und brodelt stumme Brunst.

Unablässiger Entfaltung
urgeheimes Schöpfungsbett –
und in heil'ger Umgestaltung
quillt es schwärzlich, feucht und fett.

Wage nur, dem schwarzen Schoße,
Liebender, dich anzutraun!
Wirst die alterslose große
Mutter, Braut und Schwester schaun.

Leben preist sich überschwenglich!
Wie ein ew'ges Lobgebet
ist die Wollust unvergänglich
und die Brautnacht dauert stet.

Werner Bergengruen (1950)

Bezugsquellen

Samen

Bornträger GmbH, 6521 Offstein, Tel. 06243/7060 und 7079. Kräuter, Gemüse, auch seltene und Feingemüse.

Walter & Karl Hild, Kirchenweinbergstraße 115, Postfach 99, 7142 Marbach a. N., Tel. 07144/7052

Gemüse, Küchenkräuter, Einjahrs- und Zweijahrsblumen

Carl Sperling & Co, Postfach 2640, 2120 Lüneburg, Tel. 04131/31055.

Feine und seltene Gemüse, Zimmer- und Kübelpflanzen, Raritäten

Thysanotus-Samen-Versand, U. Siebers, Postfach 44-8109, Chisterusstraße 59, 2800 Bremen 44, Tel. (ab 18 Uhr) 0421/452011. Versand der von der englischen Firma Thompson & Morgan angebotenen Samen: Gemüse, Kräuter, auch tropische und subtropische Arten, Einjahrs- und Zweijahrsblumen, Topf- und Kübelpflanzen, Stauden, Gehölze. Viele ausgesprochene Seltenheiten.

Julius Wagner, Eppelheimer Straße 18–20, Postfach 105880, 6900 Heidelberg 1, Tel. 06221/5304-0. Die Firma führt sämtliche Angebote der Firma Clause, Bretigny sur Orge, also auch französische Köstlichkeiten. Auch sonst ist das Sortiment des Betriebes Wagner umfangreich und interessant. Es handelt sich aber um eine Großhandlung. Sie können nur über die bei Ihnen ansässigen Samenfirmen dort bestellen.

Literatur

Beba, H., Knöll, W.: Hügelkultur, die Gartenbaumethode der Zukunft. Waerland-Verlag, Mannheim 1985.

Becker-Dillingen, J.: Handbuch des gesamten Gemüsebaues. Verlag Paul Parey, Berlin und Hamburg 1956.

Bergengruen, W.: Die heile Welt. Nymphenburger Verlagshandlung, München 1950.

Bund für Umwelt und Naturschutz: Der Gemüsegarten. Eigenverlag, Kiel 1986.

Diercks, R.: Alternativen im Landbau. Verlag Eugen Ulmer, Stuttgart 1986.

Franck, G.: Gesunder Garten durch Mischkultur. Südwest-Verlag, München 1985.

Frenz, Prof. Dr. F.: Einfluß der Monokultur auf die Erträge von Kopfsalat, Knollensellerie, Blumenkohl und Porree. Jahresbericht 1985 der FH Weihenstephan.

Hößlin, R. v., Mappes, F., Steib, Dr. Th.: Gemüsebau. BLV, München, Basel, Wien 1964.

Hößlin, R. v.: Feldversuch über den Vorfruchtwert verschiedener Gemüsearten. Die Gartenbauwissenschaft, 26. (8.) Band, Heft 4, BLV, München, Bonn, Wien 1961.

Howard, M.: Mischkulturen für Flach- und Hügelbeete. BLV, München, Wien, Zürich 1985.

Kalaus-Zimmermann, H.: Gärtnern am Hochbeet. Südwest-Verlag, München 1986.

Krug, H.: Gemüseproduktion. Verlag Paul Parey, Berlin und Hamburg 1986.

Niller, E.: Unser Gemüsegarten. Obst- und Gartenbauverlag, München 1980

Röber, Prof. Dr. R., Schaller, Prof. Dr. K.: Pflanzenernährung im Gartenbau. Eugen Ulmer Verlag, Stuttgart 1985.

Stamm, E.: Erfolgreiches Gärtnern auf Hochbeeten. Verlag Paul Parey, Berlin und Hamburg 1986.

Weiterführende Literatur

Heddergott, Prof. Dr. H.: Gärtners Pflanzenarzt. Landwirtschaftsverlag GmbH, Münster-Hiltrup, fortlaufende Ausgaben.

Jenuwein, H.: Avocado bis Zuckerrohr. Verlag Eugen Ulmer, Stuttgart 1986.

Lang, R. M.: Feine und seltene Gemüse. Verlag Eugen Ulmer, Stuttgart 1986.

Stangl, M.: Gesundes Obst und Gemüse aus dem eigenen Garten. BLV, München, Wien, Zürich 1985.

Weißmantel, V.: Tiefkühlkost. Buch und Zeit. Verlags-GmbH, Köln 1973.

Bildquellen

Die Zeichnungen fertigte Sigrid Lokau, Bochum, nach Vorlagen der Autorin.

Apel, J., Baden-Baden: Seite 105, 115 (unten), 118
Bartunek, A., Filderstadt: Seite 63, 68, 69, 84, 111
Bross, B., Stuttgart: Seite 18
Haase, M., München: Seite 12, 25, 40, 44 (oben), 53, 59 (beide), 60, 61, 64, 65, 66, 70, 71, 72 (oben), 94
Lang, R.-M., Graz: Seite 117
Langerhorst, J., A-Waizenkirchen: Seite 9, 23, 28 (links), 42 (unten), 67, 74, 75, 77, 80, 81, 92, 103
Laux, H. E., Biberach: Seite 116, 119
Lindner, U., Auweiler: Seite 49, 51, 54, 62 (rechts)
Lütticken-Karow, R., Jesteburg: Seite 28 (rechts), 95 (alle)
Mierswa, D., Regensburg: Seite 38, 42 (oben), 50
Reinhard, H., Heiligkreuzsteinach: Titelbild, Seite 2, 21, 24, 30, 79, 91, 101 (beide), 109, 112
Rickert, E., Husby: Seite 62 (links), 98
Schrempp, H., Breisach: Seite 55
Steinbach, G., Oberreute: Seite 11, 56, 72, 107
Titze, W., Kiel: Seite 44 (unten)
van Dijk & Co., NL: Seite 115 (oben)
Wetterwald, M.-F., Offenburg: Seite 57
Alle Aufnahmen der Autorin sowie die Fotos auf Seite 51, 63, 68 und 69 entstanden im Schaugarten der Fachhochschule Weihenstephan.

Sachregister

Seitenzahlen mit Sternchen * verweisen auf Abbildungen